达拉斯新王

初生

管超 编著

典藏版

ZB 喜笔巨献

LUKA
DONČIĆ

 北京时代华文书局

图书在版编目（CIP）数据

达拉斯新王：初生 / 管超编著. — 北京：北京时代华文书局，2021.2

ISBN 978-7-5699-4100-5

Ⅰ．①达… Ⅱ．①管… Ⅲ．①卢卡·东契奇—传记 Ⅳ．① K835.554.547

中国版本图书馆 CIP 数据核字（2021）第 037501 号

达 拉 斯 新 王： 初 生

Dalasi Xinwang Chusheng

编　　著 | 管 超

出 版 人 | 陈 涛
选题策划 | 董振伟　直笔体育
责任编辑 | 周连杰
执行编辑 | 马彰羚　王振强
责任校对 | 张彦翔
装帧设计 | 程 慧　王艾迪
责任印制 | 訾 敬

出版发行 | 北京时代华文书局 http://www.bjsdsj.com.cn

　　　　　北京市东城区安定门外大街 136 号皇城国际大厦 A 座 8 楼

　　　　　邮编：100011　电话：010 - 64267955　64267677

印　　刷 | 北京盛通印刷股份有限公司　010-52249888
　　　　　（如发现印装质量问题，请与印刷厂联系调换）

开　　本 | 787mm×1092mm　1/16　　印　张 | 21　　字　数 | 280 千字
版　　次 | 2021 年 3 月第 1 版　　印　次 | 2021 年 3 月第 1 次印刷
书　　号 | ISBN 978-7-5699-4100-5
定　　价 | 88.00 元

讲述的力量

安同庆　著名纪录片导演、摄影师

在生活中，我经常观看NBA比赛。东契奇也是我非常喜欢的年轻球员，当管超邀请我为这本《达拉斯新王：初生》写序的时候，我并没有欣然答应。因为我一开始觉得：仅仅打两个NBA赛季的东契奇撑的起一本书吗？

但是当我看完管超给我的书稿之后，便动笔写下了下面的文字：

纪录片的最大价值在于表现真实，以真实的记录引发对于现实的思考。这与自传式的讲述有着异曲同工之妙。一名NBA顶级运动员的成长之路，外表必然是光鲜亮丽、无比辉煌的。他们大多年少成名，主宰各年龄段的比赛，进而进入篮球世界的最高殿堂。但亮丽辉煌的外表之下，才更值得读者去细细品味。

这本《达拉斯新王：初生》最大的亮点，也莫过于此。他将东契奇的成长之路抽丝剥茧地真实记录，更将这些记录引发的种种思考带给读者，透过光鲜的表面去思考、解读他的成长之路，细细读完启发不少。

我与管超相识于纪录片的采访和拍摄之中，进而了解到了他对于篮球和体育赤诚的热爱。作为一名媒体人、一名视频和文字工作者，无论是影像还是文字层面，管超见证也记录了无数的故事，他同样也非常喜欢故事、喜欢讲述故事。我想，这可能是他编著这本《达拉斯新王：初生》的最大初衷。

一个年少成名的斯洛文尼亚人，在西班牙闯出一片天，随后在美国为世界所知，这段传奇经历中的故事不少，管超也将这些故事一一挖掘，呈现在这本书之中。他去过马德里，到过东契奇曾经成长的训练营，亲身感受过皇家马德里篮球俱乐部的种种，个中体会也更加翔实、具体、贴近。

同时，作为将体育融入生活的媒体人，管超更喜欢沉浸到故事中引出更多的思考和启发。我想，这可能是他能把东契奇的经历，诠释得如此透彻、讲述得如此细腻的最大原因。读完之后，我倒是很期待他能将文字的讲述，诠释为视频画面的记录，呈现到影像层面，这些故事也必然会被讲述得非常精彩。

如果你是一名热爱生活、喜欢故事、承认讲述的力量的球迷，这是一本你不能错过的书。如果你是一名喜欢从故事中发现细节，喜欢从细节中不断思考的球迷，这本书中关于东契奇的那些讲述和故事，绝对值得你细细品味。

后浪与篮球

刘茹　著名篮球记者，从业17年，多次获中国体育新闻报道奖项

　　篮球的魅力，在于比赛场的瞬息万变，也在于天才的不断涌现。勒布朗·詹姆斯的传奇还在继续着，而年轻的东契奇，让全世界的篮球迷见证了一个天之骄子的到来。他虽然看上去还是个孩子，但却已经足够耀眼，18岁就成为欧洲杯冠军，这样的成就太过出色。在NBA仅仅两个赛季，就成为MVP的热门人选，甚至成为联盟未来门面的候选。因此当我的朋友管超说，要做一本东契奇的书的时候，我一点也不惊讶。

　　如果说年轻的东契奇已经在欧洲篮坛证明自己，将冠军拿到手软，NBA也小有成就，那么年轻的管超也足够优秀，里约奥运会和俄罗斯世界杯的报道，以及成为CBA联赛的一线记者，更是百万粉丝级别的体育自媒体达人。关键是，他是一个狂热的篮球粉，对篮球的爱由来已久。当初因为报道中国男篮和CBA，我与管超作为同行相识。而从认识他的那一天起，他就毫不掩饰他对篮球、对NBA的痴迷。他将这一切倾注在事业之中，也抓住每一个了解篮球的机会，如饥似渴地吸纳知识。

　　随着时间的推移，东契奇成为全世界瞩目的超级明星；而此时的管超也在自己的体育媒体事业中不断前行。两个同样在不断探索、不断学习的年轻人，在平行时空相遇了，带着热爱篮球的赤诚之心。年轻的管超，年轻的东契奇，很不错的碰撞。我拿到这部书稿之后，也甚是被文字吸引。

　　在书中，我们可以读到东契奇从初出茅庐到横扫欧洲，再到闪耀NBA的故事；可以读到达拉斯这座城市、独行侠这支球队，对于国际球员的友好接纳；可以读到德国人德克·诺维茨基与马克·库班彼此信任、互相尊重十余载的感人故事；可以读到诺维茨基将手中的火炬交给斯洛文尼亚小兄弟卢卡·东契奇，将整个城市的期望传承于他、传承于篮球场上的后浪。

　　动人的故事、细腻的叙述，值得所有读者细细品味。

致达拉斯新王

管超　知名体育媒体人

卢卡·东契奇是一个为篮球而生的天才

7个月第一次抱起篮球，8岁就开始展现出远超同龄人的球技；随后频繁"跳级"参赛，更是斩获欧洲篮球豪门皇家马德里队的5年合同，闪耀西班牙和欧冠篮球联赛。在国家队层面，他在18岁帮助斯洛文尼亚拿下欧锦赛冠军，改变这个小国的篮球历史。横扫欧陆的东契奇，可谓天生赢家。

当我们回溯东契奇的成才之路时，天赋是一个绕不过的词语——父亲曾是斯洛文尼亚男篮国家队的成员，母亲曾是跨栏运动员。父母卓越的基因，确实让东契奇天赋异禀。但年少成名与日后的成功之间并不能画上等号，东契奇的勤勉、对篮球的狂热追求，才是他能够兑现天赋最为重要的原因。当少年东契奇展现出对于篮球事业如痴如醉的热爱时，所有的成功都是水到渠成。

从小就拥有非凡的篮球天赋，又在年少时期就建立了对于篮球近乎痴迷的热爱，这样的东契奇只能用"为篮球而生"定义。天赋和勤勉，让他横扫欧洲大陆，被评为"欧洲篮球的十年最佳"。篮球世界的最高殿堂也毫无悬念地对他发出召唤，全新的挑战到来。

卢卡·东契奇是一个"特别"的天才

当我们翻开东契奇的NBA选秀报告，缺点非常显眼——在面对爆发力强的球员时，防守比较吃力。身材和臂展一般，只有联盟平均水平。他的起步速度，相对于其他欧洲球员来说，并不占优势，单脚跳跃能力也并不强。

传统意义上的篮球天才，无不是跑跳能力突出、爆发力极强、有着天赋异禀的硬件条件。但东契奇却很"特别"——在强人如林的NBA，他的绝对身体天赋略显平庸，他没有一飞冲天的恐怖爆发力，也没有让人吃惊的身高臂展比。

但他却用自己的成功证明篮球运动的魅力——他的节奏、他的视野、他的创造性都让人如痴如醉，正如他的父亲称赞他的那样："他是篮球场上的艺术家。"他向世人展示了打好篮球并不是只有身体天赋卓越这一条路，他用炉火纯青的技术和充满浪漫主义色彩的创造力主宰赛场，这是一个"特别"的天才。

卢卡·东契奇是一个被命运眷顾的天才

高顺位来到NBA这个世界篮球的最高殿堂，这位天生赢家继续得到命运的眷顾。独行侠队和老鹰队的交易，让他来到达拉斯——可能是联盟30支球队中，最适合他的那一支。这里有与他一样对篮球痴狂的老板马克·库班；这里有着持续多年的国际球员效力历史，史蒂夫·纳什、德克·诺维茨基这些传奇的名字，都曾属于这座城市；这里有着一位即将退役的图腾和等待接手的火炬，这位图腾恰好也是欧洲人。

> **卢卡·东契奇就这样在命运的眷顾下来到达拉斯，接过德克·诺维茨基的火炬，开始自己的"牛仔生涯"。**

生涯的前两个赛季，在个人荣誉层面，东契奇几乎是完美的。新秀赛季展现令人咋舌的全能性，单赛季8次三双震古烁今；第二个赛季冲进MVP评选前四，入选最佳阵容一阵，率领独行侠在季后赛中激战快船，送上史诗级别的绝杀。

这些文字并不足以概括东契奇的强大，这位屡次刷新NBA最年轻纪录、仍在不断进化的欧洲天才，有着捉摸不透的上限。

但与之形成对比的，则是他在团队荣誉层面的挫败感。第一个赛季未能进入季后赛，第二个赛季止步于季后赛首轮。在欧洲大陆早已习惯胜利和冠军的东契奇，不得不一次次接受失利的苦涩。篮球世界最高殿堂的残酷，或许会让他明白，天生赢家也无法成为常胜将军，个人数据的耀眼并不等同于团队的胜利。

但我们有理由期待东契奇和达拉斯独行侠队。第二个赛季的东契奇，已经频繁地在各项纪录中，比肩勒布朗·詹姆斯、"魔术师"约翰逊等灿若星辰的名字。第二个赛季的东契奇，已经将昔日的乐透球队带到季后赛，并且与争冠热门球队激战6场，彼时他们还被大面积的伤病困扰。第二个赛季的东契奇，已经成为MVP评选第四并且入选最佳阵容一阵，迈入了联盟顶级巨星的行列。

　　未来他和独行侠的上限在哪里呢？这里已经拥有冲击好成绩的一切要素——不惜代价补强的老板、联盟顶级的教练组、融洽的更衣室气氛、实力顶级的双人组。对于天生赢家东契奇来说，接下来他需要做的便是继续自己一如既往的努力、不断兑现自己让人艳羡的天赋，个人荣誉和团队成绩的收获，甚至夺得NBA总冠军，就在不远的未来。

　　2011年，德克·诺维茨基在并不被人看好的情况下，率领球队击溃热火队三巨头，夺得NBA历史上浓墨重彩的一个冠军。当年这位小牛队队魂参加选秀时，他的身体天赋同样被看衰，但依靠着卓越的投射能力和让人称道的韧性，他让小牛队收获了梦寐以求的冠军。

　　如今，卢卡·东契奇再度起航。带着自己对篮球赤诚的热爱，这位欧洲天才正走上漫漫征途。

美丽的萨瓦河流淌而过，群山环抱，郁郁葱葱，杨柳低垂的岸边，轻柔的爵士乐烘托出沁人心扉的情调，咖啡馆、酒吧间、蛋糕屋传递出生活的气息，而博物馆、图书馆与画廊则展示着文化的魅力。

卢布尔雅那——斯洛文尼亚的首都，一座风景如画的城市，卢卡·东契奇的家乡。

第一章

天赋纵横
少年郎

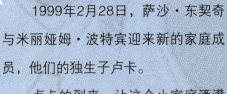

1
为篮球而生

1999年2月28日，萨沙·东契奇与米丽娅姆·波特宾迎来新的家庭成员，他们的独生子卢卡。

卢卡的到来，让这个小家庭洒满亲情的温暖阳光，但萨沙和米丽娅姆很快发现，这个小孩子可不好带。

"卢卡小时候特别调皮，总是精力充沛，一秒钟都闲不下来，像是一个小小运动家。"米丽娅姆说。

有些东西与生俱来，东契奇的运动天赋来自他的父母。从事舞蹈演员与模特工作的米丽娅姆，曾是一位跨栏运动员，而萨沙是职业篮球运动员，曾入选斯洛文尼亚国家队。

萨沙·东契奇职业生涯档案

生日：1974年7月14日	身高：2.02米	体重：106千克
球员职业生涯起止：1993—2010	主要位置：小前锋/得分后卫	号码：4号

球员职业生涯高光表现：
2次斯洛文尼亚联赛总冠军（2007、2008）
3次斯洛文尼亚杯赛冠军（2004、2007、2008）
1次斯洛文尼亚超级杯冠军（2007）
6届斯洛文尼亚全明星（2001、2003、2004、2005、2006、2007）

据父母回忆，东契奇第一次接触篮球是在他七个月大的时候。东契奇一岁时，就与房间内的迷你篮筐成了亲密无间的伙伴，他对于球类运动有着天生的痴迷，每年过生日的时候，最渴望得到的礼物就是各式各样的皮球。

"卢卡从出生开始，就特别喜欢球，我们总是能看到他拿起球，模仿他的爸爸做出压腕的动作，还会模拟球空心入筐的声音。"米丽娅姆说。

当东契奇进入小学，老师很快就发觉了这个孩子与众不同的运动才华。当其他同学为徒步远行与跑步训练而苦恼时，东契奇却乐此不疲。在卢布尔雅那的老房子里，至今摆放着东契奇小时候参加跑步比赛获得的奖牌。

篮球、足球、网球、游泳、长跑，

还有柔道，能量无限的东契奇，近乎尝试了校园内的所有运动项目，并且样样玩得好，但东契奇很快发现，最适合他的项目还是篮球，因为他身高长势凶猛，比同龄人要高出很多。

"我是天生的篮球运动员，我的妈妈也总是这样讲。"东契奇说。

对于东契奇，篮球不仅仅是他热爱的一项运动，也是他的人生避风港。当东契奇9岁的时候，萨沙和米丽娅姆离婚，米丽娅姆获得东契奇的法定监护权。一个不到10岁的孩子，面对着父母分开的局面，不仅仅是生活的改变，更有情感上的失落，东契奇一时间难以接受，好在他有篮球这个朋友。

"是篮球，"米丽娅姆谈到东契奇如何克服父母离异的困难时坦言，"这种情况对于任何孩子都是非常难的，我们希望尽可能采取轻松的方式来处理，但实际上无法做到，而卢卡通过篮球释放出压抑在心中的情绪，他专注于篮球，不去想那些负面的东西，这令他收获成长。"

"跳级"的少年

据媒体透露，在东契奇的私人相册中，有一张照片是他非常喜欢的。照片中东契奇的父亲萨沙捧起冠军奖杯，队友围在他身边欢庆胜利，空中彩带飞舞，而当时只有9岁的东契奇穿着绿色的奥林匹亚队球衣，加入到欢乐的队伍中，与爸爸一起留下这张珍贵的合影。

萨沙是一位天赋不俗、创造力出色的球员，在斯洛文尼亚篮球界很受尊重。每当萨沙打比赛，东契奇都会到场观赛，斯洛文尼亚的篮球馆留下了东契奇成长的足迹。观众们经常可以在中场休息时看到东契奇跑上场，拿起球有模有样地运球和投篮，他继承了父亲的篮球风格。

"即便卢卡那时候很小，但你依然可以清晰地看到他的球感与萨沙很像，"斯洛文尼亚篮球名将，曾在国内联赛与萨沙同队效力过的德拉季奇说，"当我们打比赛的时候，他总是坐在篮球架下面。当比赛进入中场休息，他就会上场投篮，那个场面我至今还记得。"

东契奇从7岁开始打有组织的篮球比赛，成为小学校队的成员。当萨沙在2007年转投奥林匹亚队，8岁的东契奇进入这支球队的篮球学校，学校的教练格雷加·布雷佐维奇是东契奇父母的好朋友，他邀请东契奇参加1999年出生的小球员的训练。

那次训练只进行了16分钟，教练就做出决定，将东契奇调入1996年出生的那一组。在与1996年组的球员共同训练后，教练意识到8岁的东契奇即便与比他大三岁的孩子相比也明显球技胜出一筹，他不应在1996年组浪费时间，而是直接升入选拔队训练并参加比赛。

按照斯洛文尼亚篮球联赛的规定，8岁的孩子是不可以参加10岁以上年龄组的比赛的，但东契奇却突破常规，他作为替补球员代表奥林匹亚U12少年队出征。也就是从那个时候开始，与比自己大三四岁的球员对垒，成为东契奇的习惯。

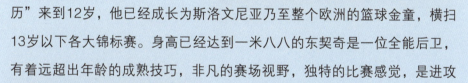

"我从小就和比我年纪更大、比赛经验更丰富的球员交手，"东契奇说，"他们大多比我更高大，速度也更快，所以我必须用技术和头脑战胜他们。"

当东契奇的篮球"日历"来到12岁，他已经成长为斯洛文尼亚乃至整个欧洲的篮球金童，横扫13岁以下各大锦标赛。身高已经达到一米八八的东契奇是一位全能后卫，有着远超出年龄的成熟技巧，非凡的赛场视野，独特的比赛感觉，是进攻

的组织者，也可以随时自己拿分，是一台行走的篮球三双机器。

东契奇的打法有传统欧洲篮球的烙印，扎实的基本功，积极的团队配合，打挡拆寻找对方的防守破绽，快速且精准的转移球，但与此同时，东契奇有着不落俗套的个人风格，小小年纪就会巧妙地通过身体对抗去创造机会，运球中

利用自己的肩膀和非控球手隔开防守者，如果对方贴得很紧，他会借力打力，以节奏的变化和假动作引诱对手做出错误反应，或者突破防守直接拿分，或者制造犯规，12岁的东契奇，一招一式都写着"少年老成"。

尽管与东契奇的母亲结束婚姻关系，但萨沙始终关注着儿子的成长，他看到了东契奇的与众不同。

"卢卡打球很特别，我不会拿任何人作为他的发展模板，"萨沙说，"他在用一种不可思议的方式处理比赛，这让我感到享受，这样讲绝非因为我是他的父亲。卢卡的篮球风格天马行空，他是赛场上的浪漫主义者。"

狂热的球痴

东契奇
少年时期最崇拜
的两位球星分别是希
腊的瓦斯里斯·斯潘诺里
斯与美国的勒布朗·詹姆
斯，当东契奇来到NBA，与詹
姆斯交过手之后，给自己的
偶像留下深刻印象。
"他有着独特的

节奏和能力，可以掌控比赛的每一个层面，"詹姆斯说，"从得分到传球再到篮板，他全面控制比赛，你可以从他身上看到'魔术师'约翰逊的影子，他有那样的气场。看他的比赛，如果你去买一桶爆米花，可能就会错过见证大场面的机会，他就是那么特别。"

东契奇能够拥有如此杰出的篮球战力，有天赋的原因，但又不仅仅是天赋，他发自内心热爱篮球这项运动，并为此投入了大量的精力，这才能实现将天赋兑现，否则天赋只是虚妄的潜能而已。

早在东契奇小的时候，母亲米丽娅姆就发现东契奇对于训练有着一般孩子不具备的热衷。"周末的时候卢卡会承担一些家务，我说：'如果你将房间打扫干净，就可以去练球了。'他一定会完美地完成清洁工作，因为他太想去训练了。"米丽娅姆说。

当8岁的东契奇获准参加U12少年队的比赛时，因为年龄差距很大，他起初是打替补，为了能够获得更多的上场时间，东契奇为自己设计加练计划，除了球队的常规训练外，还会利用休息日去球馆给自己"加班"。

杰内·斯摩尼克在2007年至2011年期间执教东契奇所在的球队，东契奇的训练热情让斯摩尼克感到惊讶，他从未见过如此热爱训练的篮球少年。

"卢卡刚来的时候还不到10岁，但我有时候却要逼着他休息才行，我会告诉他：'明天放假，你待在家里，玩玩具，打电动，或者看电视什么的都行，就是不要碰球，你需要歇一歇了。'"斯摩尼克说，"结果第二天，他的妈妈就打电话给我，'请让卢卡去训练吧，他一直在求我。'卢卡从小就是超级训练狂，对于篮球的热情简直是难以置信。"

训练和比赛中的东契奇非常认真执着，而场下的他是一个友善憨厚的孩子，有着非同凡响的亲和力，随着他长大，这种亲和力成了更衣室领导力，令他在赛场内外都是球队的核心。

"卢卡每天都会给自己加练，天天如此，"奥林匹亚少年篮球发展主管西斯科说，"他对待篮球十分专注和投入，对于胜利无比渴望，但当训练和比赛结束，他就会笑容满面。卢卡是一个令人惊奇的男孩，他的个性很有吸引力。"

尽管少年东契奇已经在欧洲篮坛打响了名气，米丽娅姆并没有将儿子的未来发展局限在篮球这个领域，能否打上职业比赛在这位母亲看来并不是最重要的，卢卡的快乐才是。

"我从未想过卢卡会不会去打职业比赛，作为孩子的母亲，对我来说最重要的是他幸福，"米丽娅姆说，"我觉得卢卡自己没有想过会在篮球路上走多远，他只是觉得打球能带来快乐，这是最重要的。"

少年成名与打上高水平职业联赛之间并没有直接画上等号，两者之间还有很长的距离，既要看实力，也要看机遇，两者缺一不可。

当东契奇在斯洛文尼亚已经难以找到水平相当的同年龄对手时，来自西班牙的召唤，为他推开崭新的篮球之门，门后是通往梦想的大道，独闯天下的征途开始了。

在星辰浩瀚的欧洲篮球历史上，有数不清的天皇巨星开疆裂土、
独霸一方，收获欧洲联赛冠军和荣誉的同样不少。但在18岁就
能站在欧洲篮坛之巅、19岁就能完成欧洲篮球荣誉大满贯的，却
只有东契奇一人。这就是东契奇的与众不同，更是他为人惊叹的
原因。

第二章

才华横溢
耀欧陆

1

豪门皇家马德里的5年长约

东契奇，注定和西班牙豪门皇家马德里有着不可分割的关系。

结缘之前，双方看起来没有一丝半缕的联系。东契奇的父亲萨沙·东契奇，并没有去西班牙打过球。他的母亲也未曾在西班牙久居。但冥冥之中，东契奇就是要穿上皇家马德里的球衣。

2012年2月，已经在斯洛文尼亚甚至是整个欧洲小有名气的东契奇，以租借球员的身份代表皇家马德里参加了西班牙14岁及以下组的俱乐部比赛，这是他首次穿上皇家马德里的球衣。但在这之前，东契奇在2011年9月代表斯洛文尼亚的奥林匹亚少年队参加在匈牙利举办的14岁及以下组比赛时已经斩获MVP。尽管决赛不敌西班牙另外一家豪门巴塞罗那，但东契奇出色的表现还是获得了多家俱乐部的关注，其中显然也包括皇家马德里。

　　作为皇家马德里参赛本次阵容最年轻的球员，东契奇在面对云集的西班牙乃至欧洲很多国家的天赋少年时依然是光芒四射。一路突围闯进决赛后，东契奇再次对上强大的巴塞罗那。状态不佳的皇家马德里半场就落后17分，就当巴塞罗那觉得胜券在握时，东契奇带领皇家马德里开始疯狂地反扑，在终场前一度只落后3分。虽然皇家马德里最终以78-83不敌宿敌巴塞罗那，但东契奇全场20分、投中4记三分的现象级表现依然让他获得了高度认可。整届比赛，他场均得到13分、4个篮板、2.8次助攻和3.3次抢断，不仅带领皇家马德里拿到了第二名，自己还当选为赛事的MVP。同时，他的命中率高达65%，位居所有参赛球员的第一位，三分球命中率更是高达47%。尽管是临时加入，周遭都是陌生的面孔，但在全新的环境和体系

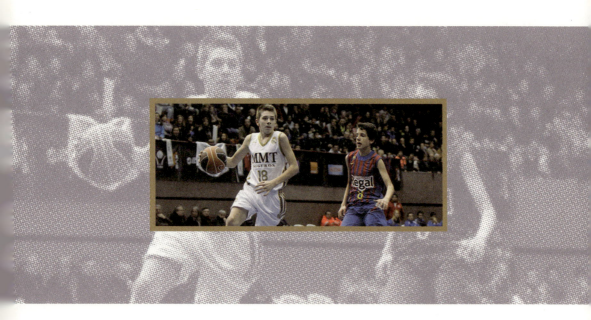

里，东契奇照样熠熠生辉。这样的表现显然不是教练能教出来的，换句话说，这是东契奇与生俱来的天赋。"他打出生起就有这样的天赋，这是学不来的，"东契奇在奥林匹亚少年队的教练，也是东契奇最早系统学习篮球时的恩师西斯科说，"这也是你教不出来的。"

首次合作就如此默契，无论是东契奇还是皇家马德里都有了继续合作的意愿。随着东契奇回到斯洛文尼亚继续打出统治级的表现，皇家马德里引进这位天才少年的意愿就更加强烈。

2012年4月，东契奇代表奥林匹亚参加在罗马举办的13岁及以下组比赛，以场均34.5分的表现包揽得分王和MVP。半决赛，他豪取29分、15个篮板。决赛，他更是拿下恐怖的54分、11个篮板和10次助攻的超级三双，还带队拿到冠军。这个时候的东契奇，不过是一个仅仅13岁的少年。六年前，当16岁的卢比奥在欧洲锦标赛U16决赛狂砍51分、24个篮板、12次助攻、7次抢断被誉为"金童"时，更年轻的东契奇在13岁时取得的成绩显然

13岁的东契奇2012年罗马邀请赛数据和16岁的卢比奥2006年U16欧锦赛数据

13岁的东契奇
◇ 2012年罗马邀请赛
◇ 场均34.5分
◇ MVP、得分王
◇ 决赛54分率队104-76夺冠

16岁的卢比奥
◇ 2006年U16欧锦赛
◇ 两次三双、一次四双
◇ MVP、得分王、助攻王、篮板王、抢断王
◇ 决赛51分24板12助7断率队夺冠

不遑多让。

"那个时候，我跟别人说他（东契奇）让我想起年轻的彼得洛维奇。"奥林匹亚的一位篮球主管这样说。他口中的"彼得洛维奇"是在1993年不幸因车祸离世的欧洲传奇，是在1992年奥运会对抗"梦一队"时对飙过乔丹、在NBA也曾有出色表现的欧洲篮坛名宿。"他（东契奇）是长着一张娃娃脸的杀手，这对他来说易如反掌。"

这并不是奥林匹亚俱乐部对东契奇的"自夸"。在东契奇连续打出出色的表现后，皇家马德里也是忙不迭地为他奉上合同，只等他点头允诺。这对皇家马德里来说其实算是非常少见的事情，彼时，皇家马德里的少年队里并没有太多和东契奇年龄相仿的他国球员，绝大部分球员都来自西班牙本土，将眼光瞄准为斯洛文尼亚的一名小球员，而且还是一口气奉上长约，这足以看出皇家马德里对东契奇多么重视。

对东契奇来说，皇家马德里也不是他唯一的选择，还有多家俱乐部排队上门希望能引进东契奇。但最终，皇家马德里辉煌的篮球历史、强大的培养计划和出色的教育设施让他们脱颖而出。

2012年9月，13岁的东契奇和皇家马德里签下5年合同，就此离开祖国斯洛文尼亚前往一个陌生国度。少小离家还是孤身一人，这对东契奇和他的家人来说都一度是非常困难的决定，一如每个家庭一样。"太难了，这真的是我做过的人生中最难的决定。"东契奇的母亲之后回忆起来依然这样感叹。由于父母在自己9岁时就已经分开，东契奇之后也是跟随母亲一起生活。"真的不容易，他（东契奇）离家才13岁，还是一个人去的马德里，没有家人的陪伴，也没有朋友，去了一个自己举目无亲的城市，而且那里几乎没人说英语，所以这对他来说真的非常难。"

东契奇的感受更加深刻。"前两到三个月，真的是非常非常难，我父母不在那边。"东契奇说，但这样的经历却让东契奇变得少年老成，而他也很庆幸自己当初加盟了皇家马德里，"我那会儿13岁，我需要准备好一切，我想对上帝说感谢我现在在这里（皇家马德里）。"

好在背井离乡的生活，东契奇适应得很快。他开始学习西班牙语，主动融入马德里的生活和皇家马德里的球队环境。更重要的是，作为球员的他就像一块海绵一样在迅速吸收一切水分，非常乐于向罗德里格斯和尤伊两位前辈求教。作为西班牙和欧洲的豪门球队，皇家马德里在青少年训练项目上有着极其优秀的基础设施，也是整个欧洲最吸引年轻球员的俱乐部之一。在这里，东契奇充分利用了俱乐部的基础优势，很快就成为皇家马德里少年队最出色的球员。

2013年2月，东契奇时隔一年再次和皇家马德里参加西班牙14岁及以下组的俱乐部比赛。这一次，东契奇彻底统治比赛。决赛再次对阵巴塞罗那，东契奇贡献25分、16个篮板、5次抢断，不仅带队成功复仇拿到冠军，他也再次当选为MVP。整届比赛，东契奇场均得到24.5分、13个篮板、4次助攻、6次抢断。仅仅过去一年的时间，但东契奇的长足进步已经是肉眼可见。3月，东契奇和皇家马德里参加西班牙16岁及以下冠军赛，决赛里他拿到25分带队取胜，自己再次当选为MVP。

随着球技和年龄的不断增长，东契奇逐渐成为皇家马德里的领军人物。2014—2015赛季，他主要在皇家马德里18岁及以下组和预备队效力。为预备队效力期间，他场均贡献13.5分、5.9个篮板、3.1次助攻，帮助球队拿到西班牙四级联赛所在B组的第一。赛季结束时，他凭借优秀的表现获得媒体"欧洲篮球网"的荣誉提名。2015年1月，东契奇参加欧洲下一代篮球锦标赛，最终入选最佳阵容。当时，他要比同组的其他人至少小两岁。同月，他在对阵老东家奥林匹亚时拿到13分、13个篮板、4次助攻、4次抢断的优异成绩。4月，他又当选为欧洲下一代篮球锦标赛的MVP。

至此，东契奇在少年队和青年队已经是打遍天下无敌手。等待他的，将是为皇家马德里出战职业联赛，以及面对成年球员的挑战。

屈指可数的超级新星

在皇家马德里青年队历练两年多后，东契奇翻越了一个又一个高峰，无论是团队成绩还是个人表现，他都已经算得上是登峰造极。这个时候，东契奇离开青年队、进入皇家马德里一队参加职业联赛也变得水到渠成。

2015年4月30日，东契奇迎来篮球道路上的重要一天。这一天，东契奇首次代表皇家马德里参加西班牙联赛，迎来职业生涯首秀。16岁两个月

零两天的东契奇，就此成为皇家马德里队史上最年轻的职业球员，并成为西班牙联赛历史上第三小的球员，紧随卢比奥和雷波罗。这个赛季的东契奇，参加的比赛并不多，重点还是参与和感受职业联赛，整个赛季，他只打了5场比赛，场均只能获得4.8分钟的出场时间。

皇家马德里没想着让东契奇转瞬之间就展现出统治力，这的确也不现实。青年队的比赛，东契奇的天赋、身体条件和早熟都要明显胜过同龄人，但职业联赛的竞争力要远远超过青年队的比赛。这里容纳五湖四海的天赋球员，有西班牙名将费尔南德斯、罗德里格斯、尤伊，有希腊名宿博罗西斯，有得分能力强大的达柳斯·亚当斯，有阿根廷精灵后卫坎帕佐……很多人虽然是东契奇的皇家马德里队友，但他也需要竞争上岗。与此同时，职业联赛的对抗更强，相比成年球员，年轻的东契奇在身体上不占优势，职业联赛零经验让他遭遇着巨大的考验。

但儿时经常"跳级"和大孩子交手的经历，使得年轻的东契奇更快地适应了和成年人的同场竞技。在这里，他学习得非常快，罗德里格斯和尤伊等前辈的悉心指导，让谦逊好学的东契奇更快地完成从青年队比赛到职业联赛

2014-2015赛季东契奇联赛数据

出战场次：	**5**场
场均出场时间：	**4.8**分钟
场均得分：	**1.6**分
场均篮板：	**1.2**个
皇家马德里常规赛战绩：	**27**胜**7**负（第一）
最终成绩：	冠军

的过渡。比起技术和身体的天赋，东契奇身上最突出的还是他始终心如止水，无论外界对他有怎样的称赞，他都没有飘飘然。

"我也会犯很多错误，当你小有名气的时候，就会出现这样的情况，"东契奇说，"但我知道我需要脚踏实地，需要继续风雨兼程。训练，保持训练，不断地训练，这是非常重要的。"对于外界的盛赞，东契奇很感激，但并不过分关注，"很开心看到大家对我的称赞，但我并不想有太多的反应，因为我需要专注于篮球和我的球队"。

这份早熟和心态，让东契奇进一步获得皇家马德里的认可。2015-2016赛季，东契奇正式成为皇家马德里一队的常规轮换成员，出场次数增加到39场，远超菜鸟赛季（5场），场均出场时间增加到12.9分钟，也远超菜鸟赛季（4.8分钟）。球队出征NBA参加和凯尔特人队的季前赛，东契

奇获得来之不易的机会。赛季开始没多久，16岁的他迎来欧冠联赛首秀，成为第21位在17岁之前就首次参加欧冠的球员。频频登场亮相的东契奇，开始在这个赛季真正崭露头角。天赋突出的他，也开始让对手都觉得不可思议。至今，欧冠前最佳防守球员海恩斯还记得2016年1月第一次和东契奇交手时的情景，"我看了我的球探报告，心里想：'这孩子真的只有16岁？'"为了在东契奇身上打开缺口，彼时为俄罗斯豪门莫斯科中央陆军效力的海恩斯，和队友一起疯狂包夹东契奇，试图给他制造压力和困难。但第二节，东契奇两分钟里就投中3个三分球，最终在13分钟的出场时间里交出12分5个篮板的答卷，让对手无计可施。

在漫长的赛季里，东契奇不断面对考验，但也在不断汲取经验和不断进步，39场西班牙联赛和12场欧冠联赛的锻炼，为东契奇来年的飞速进步打下基础。东契奇在西班牙联赛的表现虽然谈不上优秀，但足够高效。在场均4.5分、2.6个篮板、1.7次助攻的数据背后，他的命中率达到52.6%，三分球命中率达到39.2%，两项数据都是皇家马德里生涯的最高。

历经两个赛季的打磨和积累后，17岁的东契奇已经充分适应成年联赛的强度。但为了打

2015—2016赛季 东契奇联赛数据

出战场次：**39**场（首发8场）

场均出场时间：**12.9**分钟

场均得分：**4.5**分

场均篮板：**2.6**个

场均助攻：**1.7**次

皇家马德里常规赛战绩：
29胜**5**负（第二）

最终成绩：冠军

2015—2016赛季 东契奇欧冠数据

出战场次：**12**场（首发0场）

场均出场时间：**11.1**分钟

场均得分：**3.5**分

场均篮板：**2.3**个

场均助攻：**2**次

皇家马德里常规赛战绩：
5胜**5**负（小组第四）

最终成绩：止步八强

出更好的表现，他依然在做最充足的准备。2016年夏天，他前往一家曾指导过NBA顶级球员的运动机构进行特训。当他回到马德里时，队友们发现东契奇变得更加强壮、更加成熟。

　　"那是我们队的第一次赛季训练，他在三秒区里不断冲击篮筐和扣篮，我当时心想：'天啊，他才17岁？这太不可思议了'"。皇家马德里那个赛季的新成员安东尼·兰多夫回忆道。2008年，安东尼·兰多夫在首轮第14顺位被勇士队选中，职业生涯曾为NBA的勇士队、尼克斯队、森林狼队和掘金队效力过，曾在NBA有过单赛季场均11.6分、6.5个篮板的不错表现。多年的流浪生涯，他从美国到欧洲见过很多人们口中的天赋少年，包括卢比奥、加里纳利、富尼耶等欧洲球星，但第一次见到东契奇时，他依然被震撼到了。

　　"我不想让他沾沾自喜，但我仍然觉得他是我见过的最具天赋的球员之一，尤其是他这么小就这么突出，简直是难以置信。他的块头、打球的方式、场上场下的态度，还有他的全面。我觉得，当他可以打得非常自如的时候，他能场均拿下准三双。"安东尼·兰多夫继续对东契奇不吝溢美之词。

　　东契奇也的确对得起这样的赞誉。2016—2017赛季，准备更加充足的东契奇厚积薄发。再次代表皇家马德里参加NBA季前赛，东契奇在和雷霆队的对抗中，和雷霆队后卫、NBA超级巨星威斯布鲁克有过对位。连续两个赛季和NBA球队的短暂交手，在东契奇的心里埋下了未来冲击NBA的种子，但在萌芽长成苍天大树之前，东契奇的首要目标还是在西班牙联赛乃至欧冠联赛充分证明自己。这需要他从联赛的每场比赛做起。

2016年12月4日，东契奇带领皇家马德里取胜，自己贡献23分、11次助攻的两双，两项数据都是赛季新高，出色的表现也让东契奇拿到个人的首个西班牙联赛周MVP。而后的欧冠联赛里，东契奇表现同样优秀。带队拿下两场胜利、先后贡献17分和16分、6个篮板、5次助攻、3次抢断的成绩后，东契奇当选为欧冠联赛这一轮的MVP。这是东契奇进入职业联赛后的首个MVP，更让他成了欧冠联赛历史上荣获这一奖项的最小球员。2017年1月14日，他带队击败欧洲劲旅马卡比队并交出10分、11个篮板、8次助攻的准三双，再次当选为欧冠联赛的MVP。青年队时期斩获MVP易如反掌的东契奇，在职业生涯的第三个赛季证明了他在职业联赛里同样可以重塑辉煌。

2016—2017赛季 东契奇联赛数据

出战场次：	**42**场（首发17场）
场均得分：	**7.5**分
场均篮板：	**4.4**个
场均助攻：	**3.0**次
场均抢断：	**0.6**次
西班牙联赛最佳年轻球员奖	
皇家马德里常规赛战绩：	**25**胜**7**负（第一）
最终成绩：亚军	

2016—2017赛季 东契奇欧冠数据

出战场次：	**35**场（首发15场）
场均得分：	**7.8**分
场均篮板：	**4.5**个
场均助攻：	**4.2**次
场均抢断：	**0.9**次
欧冠最佳年轻球员奖（全票当选）	
皇家马德里常规赛战绩：	**23**胜**7**负（第一）
最终成绩：第四名	

赛季愈发深入，东契奇的表现也是愈发出色。西班牙国王杯决赛，他拿下赛季新高的23分带队取胜。进入2017年的欧冠季后赛，他先后两轮获得MVP，并帮助皇家马德里挺进欧冠四强。整个赛季，东契奇在42场西班牙联赛和35场欧冠联赛里进步明显，赛季过半时，他是欧冠联赛唯一一个每40分钟至少拿到15分、8个篮板、8次助攻的球员。凭借这个赛季的长足进步，东契奇全票获得欧冠最佳年轻球员奖，并获得西班牙联赛最佳年轻球员奖。

探囊取物的MVP

　　很快，东契奇就在2017-2018赛季迎来突破。该赛季开始前，皇家马德里主力后卫、2009年曾被NBA掘金队选中（签约权后来被交易到火箭队）的尤伊遭遇膝盖前交叉韧带撕裂的重伤，东契奇也就此进入首发填补尤伊的空缺。2017年10月12日，东契奇拿到职业生涯新高的27分，在赛季的欧冠首秀里带队击败欧洲劲旅艾菲斯。下一场面对瓦伦西亚，他又斩获了16分、10个篮板、7次助攻的准三双。职业生涯前三个赛季的参赛经历，让东契奇积累了更多的自信，无论是在西班牙联赛还是欧冠联赛都变得驾轻就熟。

　　2017年10月24日，他凭借27

分、8个篮板、5次助攻和3次抢断的表现，当选为欧冠这一轮的MVP。两天之后，他拿到28分刷新生涯得分纪录，再次当选为欧冠MVP。10月底，他更是第一次荣获欧冠月MVP殊荣，成为拿到这一奖项的最年轻的球员。面对欧洲各国联赛的豪强，东契奇是兵来将挡、水来土掩。对阵老东家奥林匹亚科斯，他贡献33分、6个篮板、4次助攻，得分再次刷新生涯纪录。带队险胜欧冠卫冕冠军费内巴切，他拿下20分、8个篮板、10次助攻的准三双。回到西班牙联赛，他又靠着单场24分的表现成为西班牙联赛这一轮的MVP，并在之后成为西班牙联赛12月份的月MVP，也是该奖项的最年轻得主。

赞誉和掌声向东契奇袭来，但他依然风轻云淡地说："我没有什么压力，每个人都问我是否有压力，但我觉得没有。就像我之前说的，我是为篮球而生的，我喜欢比赛，我喜欢体育，当你做自己喜欢的事情时你是感觉不到压力的。"

东契奇的确没有因为角色的改变而徒增压力。虽然是职业生涯第一次有超过一半的时间担当主力，但东契奇适应得很好，也让皇家马德里在这个赛季少了尤伊重伤带来的担忧。2018年3月30日，皇家马德里绝杀贝尔格莱德红星，东契奇不仅拿到24分、9个篮板，还在终场前剩2秒时投中三分球绝杀。赛后，美国权威媒体《体育画报》用"状元热门东契奇命中晃倒对手的后撤步绝杀"作为标题来称赞东契奇。此时，距离2018年NBA选秀大会举办只剩不到三个月，东契奇的选秀前景也是愈发明朗。5月9日，东契奇22分钟拿到17分、10个篮板、10次助攻，创造了西班牙联赛自2006-2007赛季后的首个三双，也是联赛历史上的第7次三双。

　　站在欧冠联赛的决战之巅，东契奇依然表现出色。决赛面对老牌劲旅费内巴切，东契奇拿到15分当选为欧冠四强赛的MVP。同时，东契奇还凭借场均16分、4.9个篮板、4.3次助攻的表现（33场）当选为欧冠联赛该赛季的常规赛MVP，成为欧冠史上最年轻的MVP得主。历史上，只有希腊传奇迪亚曼提蒂斯、前NBA球员有"欧洲科比"之称的斯潘诺里斯和法国名宿德科洛做到过，但这一年，年轻的东契奇成功比肩三位名宿。其中，斯潘诺里斯还曾进入过NBA的火箭队，德科洛则为NBA的马刺队和猛龙队效力过。

　　尤其让他开心的是，斯潘诺里斯还是他的昔日偶像，他在皇家马德里之所以身穿7号球衣也是为了致敬斯潘诺里斯。除此之外，他还蝉联了欧冠新星奖，成为史上第三位连续两季荣获这一奖项的球员。东契奇夺冠之后，欧洲已故传奇彼得洛维奇的母亲向东契奇索要了一件球衣，并捐给彼得洛维奇的博物馆。作为欧洲篮坛名宿，来自克罗地亚的彼得洛维奇在欧洲斩获无数荣

彼得洛维奇NBA生涯数据

常规赛											
赛季	球队	场次	首发场次	出场时间	投篮命中率	三分命中率	篮板	助攻	抢断	盖帽	得分
1989-1990	波特兰开拓者	77	0	12.6	48.5%	45.9%	1.4	1.5	0.3	0.0	7.6
1990-1991	波特兰开拓者	18	0	7.4	45.1%	16.7%	1.0	1.1	0.3	0.0	4.4
1990-1991	新泽西网	43	0	20.5	50.0%	37.3%	2.1	1.5	0.9	0.0	12.6
1991-1992	新泽西网	82	82	36.9	50.8%	44.4%	3.1	3.1	1.3	0.1	20.6
1992-1993	新泽西网	70	67	38	51.8%	44.9%	2.7	3.5	1.3	0.2	22.3
生涯概况		290	149	26.4	50.6%	43.7%	2.3	2.4	0.9	0.1	15.4

誉。1992年奥运会，他在面对"梦一队"时和NBA超级巨星迈克尔·乔丹分庭抗礼。进入NBA后，他在1993年入选最佳阵容（第三阵容），还在1991–1992赛季和1992–1993赛季连续两个赛季场均得分超过20分，且命中率都超过50%，三分命中率超过44%。出色的表现，让彼得洛维奇影响了无数篮球少年，东契奇显然是其中之一。现在，偶像的母亲索要了东契奇的球衣，显然是对东契奇的足够认可，更是让东契奇受宠若惊的事情。

在西班牙联赛中，东契奇同样迎来辉煌。总决赛，他带领皇家马德里击败巴斯克尼亚夺冠，并荣获西班牙联赛的MVP，还连续第二个赛季获得西班牙联赛的最佳年轻球员奖。

19岁的东契奇，在这个赛季里收获了众多的MVP，颇有些探囊取物的味道。当很多欧洲球星终其一生都未曾达到过这样的成就时，年纪轻轻的东契奇已经成为集大成者。早在横扫欧洲联赛之前，他已经在一个更高级别的赛事中证明了自己——18岁的东契奇，帮助斯洛文尼亚登顶欧洲篮坛，给他璀璨的欧陆生涯写上浓墨重彩的一笔。

季后赛

赛季	球队	场次	首发场次	出场时间	投篮命中率	三分命中率	篮板	助攻	抢断	盖帽	得分
1989–1990	波特兰开拓者	20	0	12.7	44.0%	31.3%	1.6	1.0	0.3	0.0	6.1
1991–1992	新泽西网	4	4	40.8	53.9%	33.3%	2.5	3.3	1.0	0.3	24.3
1992–1993	新泽西网	5	5	38.6	45.5%	33.3%	1.8	1.8	0.4	0.0	15.6
生涯概况		29	9	21	47.4%	32.4%	1.8	1.4	0.4	0.0	10.2

2017-2018赛季东契奇联赛数据

出战场次：**37**场（首发21场）

场均得分：**12.5**分

场均篮板：**5.7**个

场均助攻：**4.7**次

场均抢断：**1.1**次

西班牙联赛最佳年轻球员奖

西班牙联赛MVP

皇家马德里常规赛战绩：**30**胜**4**负（第一）

最终成绩：冠军

2017-2018赛季东契奇欧冠数据

出战场次：**33**场（首发17场）

场均得分：**16.0**分

场均篮板：**4.8**个

场均助攻：**4.3**次

场均抢断：**1.1**次

欧冠最佳年轻球员奖

欧冠MVP（历史最年轻得主）

皇家马德里常规赛战绩：**19**胜**11**负（第五）

最终成绩：冠军

年仅18岁的欧洲冠军（上）

收获一众纪录和荣誉后，东契奇在欧洲篮坛已经被誉为天之骄子。加入NBA，乃至成长为世界明星只是时间问题。对于年轻的东契奇来说，在NBA之前，已经有另外一个舞台让他声名鹊起，赢得全世界的瞩目，那便是2017年欧洲杯（欧洲男子篮球锦标赛）。

斯洛文尼亚的球迷，甚至是全欧洲的球迷早就翘首以盼，这个小伙子在欧洲杯赛场带来惊喜。过去的很多年，东契奇不断碾压同龄人、创造新纪录，但代表斯洛文尼亚国家队参加大赛，东契奇还没有过。当东契奇顺利入围斯洛文尼亚国家队名单时，外界很好奇这个天才少年能有怎样

斯洛文尼亚男篮 历届欧锦赛战绩	
年份	排名
1993年	第14名
1995年	第12名
1997年	第14名
1999年	第10名
2001年	第15名
2003年	第10名
2005年	第6名
2007年	第7名
2009年	第4名
2011年	第7名
2013年	第5名
2015年	第12名
2017年	冠军

的发挥。在豪强云集的欧洲篮坛，他能和斯洛文尼亚国家队取得怎样的成绩呢？

斯洛文尼亚国家队也早有规划，他们对东契奇寄予厚望。因为球队领袖、NBA明星球员德拉季奇在欧洲杯前就亮明态度："这会是我的最后一次国家队比赛。"所以培养新核东契奇的计划就此提上日程。"他的天赋难以置信，他会在这支国家队担任前所未有的角色，我们希望他能成为德拉季奇之后的球队领袖。"时任斯洛文尼亚国家队主教练科克斯科夫毫不掩饰对东契奇的期待。

德拉季奇对东契奇同样期待，在盛赞东契奇的天赋后，德拉季奇坦言："我期待和他一起打球。"事实上，两个人十多年前就多次出现在同一球场上，只不过那个时候的东契奇主要是帮着德拉季奇捡球。

因为德拉季奇和东契奇的父亲萨沙·东契奇在2004-2006年和2008年都效力于斯洛文尼亚联赛的同一俱乐部，2007年两个人一同进入斯洛文尼亚国家队且关系密切，东契奇又经常跟着爸爸去参加训练，德拉季奇就这样认识了东契奇。那个时候，东契奇是球童，手上拿的不是篮球就是三明治，德拉季奇和很多人都觉得东契奇会与众不同。只是，或许德拉季奇自己都没有想到，当年那个跟随父亲一起训练的人，竟然在未来会成为自己的国家队搭档，甚至会接班自己成为国家队核心，而且是这么快。

但对斯洛文尼亚国家队来说，想要在欧洲杯上登顶却是异常艰难。他们的历史最好成绩不过是2009年的第4名。最近一届的欧洲杯也就是2015年，他们更是只获得了第12名，刚进淘汰赛就黯然出局。

21世纪男篮欧锦赛前三名

年份	冠军	亚军	季军
2001年	南斯拉夫	土耳其	西班牙
2003年	立陶宛	西班牙	意大利
2005年	希腊	德国	法国
2007年	俄罗斯	西班牙	立陶宛
2009年	西班牙	塞尔维亚	希腊
2011年	西班牙	法国	俄罗斯
2013年	法国	立陶宛	西班牙
2015年	西班牙	立陶宛	法国
2017年	斯洛文尼亚	塞尔维亚	西班牙

赛前抽签，斯洛文尼亚队仅被归为第四档球队，纸面实力强于他们的多达12支球队，西班牙、立陶宛、法国和塞尔维亚四大夺冠热门更是自动归为第一档球队。就是在这样的环境下，斯洛文尼亚队开始了他们的欧洲杯征程。

2017年8月31日，由土耳其、芬兰、以色列和罗马尼亚四国联合举办，历时18天的欧洲杯正式开赛。24支球队通过抽签被平均分在四个小组，在小组赛的两两循环赛后，每个小组的前四名晋级淘汰赛，最后两名直接淘汰。淘汰赛则是一场定胜负，胜者晋级下一轮，负者被淘汰，直至决出最终的冠军。

小组赛的首个比赛日也就是8月31日，东契奇正式迎来欧洲杯首秀。面对首个对手波兰队，东契奇贡献11分、8个篮板、6次助攻、2次抢断，帮助斯洛文尼亚队90-81旗开得胜。开场后，他又是篮板又是抢断，表现得相当兴奋。首节还剩4分钟，东契奇投中三分球拿到了欧洲杯首分。他的手感

不算好，但依然展现出十足的存在感：得分全队第二，篮板和助攻全队第一，为拿到30分的德拉季奇分担了压力。虽然青涩，但东契奇在老大哥的身后也不乏亮点。太多个回合，他都能用创造力的传球欺骗对手，将球妙传到队友手中。时隔8年后，斯洛文尼亚队成功在欧洲杯上击败波兰队，报了4年前欧洲杯上输给对手的一箭之仇。

第二场险胜芬兰队，东契奇开始感受到残酷和压力。这场恶战，东契奇只得到8分、8个篮板，被20岁的芬兰小将、欧洲杯前刚以首轮第7顺位进入NBA的马尔卡宁抢尽风头。全场，马尔卡宁豪取24分、7个篮板。但东契奇在球队最需要他的时候仍然有亮点。比赛最后6分钟，他斜刺里杀出，完成抢断一条龙暴扣，给予了对手一记重拳，也在比分犬牙交错的时候做出贡献，帮助斯洛文尼亚队81-78险胜对手。

　　但东契奇调整得很快。第三场力克强敌希腊队，他强势反弹，33分钟12投7中得到全队最高的22分，带领斯洛文尼亚队以78-72击败4人上双的欧洲豪强希腊队，第一次让德拉季奇在进攻端不必再大包大揽。在欧洲杯的历史上，希腊队曾两次拿到冠军，在最近的5届欧洲杯中，斯洛文尼亚队每次都和希腊队交手，战绩只有1胜4负。但这一次，斯洛文尼亚队掀翻了对手。

　　经此一战，东契奇逐渐适应了赛事节奏，表现也更加稳定。第四场102-75大胜冰岛队，东契奇26分钟轻取13分、6个篮板、3次助攻、2次抢断。比赛中，随处可见东契奇的精彩表演。首节比赛，他连续胯下运球晃

动险些把对手晃倒后命中后撤步三分。第二节，他命中超远三分后依然不罢休，临近中场结束的读秒时刻，他又是一记准压哨的后撤步三分，打得轻松自在。斯洛文尼亚队也在这样的节奏里蹂躏对手。

收官战面对同组的头号种子法国队，东契奇再次爆发。28分钟的出场时间里，他斩获15分、9个篮板、3次助攻、2次抢断，帮助斯洛文尼亚队三节战罢就领先26分，让比赛提前失去悬念，最终帮助斯洛文尼亚队以95-78大胜法国队。这对斯洛文尼亚队有着巨大的意义，法国队在欧洲杯历史上9次站上领奖台，2011年、2013年和2015年欧洲杯分获亚军、冠军和季军。即便缺少帕克、戈贝尔和巴图姆等主力，法国队依然有着强悍的实力，欧洲杯前也被当作第一档球队和争冠热门。

但就是在这样强大的对手面前，东契奇为斯洛文尼亚队刮起青春风暴。这场对决，法国队主力后卫、已经在NBA打拼5年的富尼耶只打了18分钟就被5犯罚下，个人数据最终只停留在11分、1个篮板、1次助攻，被尚未进入NBA的东契奇完全压制。仅在首节，东契奇就让法国队见识到他的厉害。抢下后场篮板完成一条龙突破上篮，顶着对手封盖的不讲理三分，错位单打后的超高难度翻身跳投……东契奇的出色表现让法国队主教练一脸阴沉。加上德拉季奇宝刀未老，再添全场最高的22分和8次助攻，斯洛文尼亚队也在掀翻法国队后震惊世界，让外界惊呼"斯洛文尼亚队这么强"。

最终，斯洛文尼亚队5战全胜以小组第一出线。东契奇5场比赛场均13.8分成为斯洛文尼亚队仅次于德拉季奇的二号得分手，场均3次助攻同样仅次于德拉季奇排名球队第二。这样的数据虽然算不上豪华，但对于一个首次参加成年国家队的18岁少年来说，依然是足以被认可的。在众多NBA球探和媒体的关注下，东契奇的表现依然是少年老成。

年仅18岁的欧洲冠军（下）

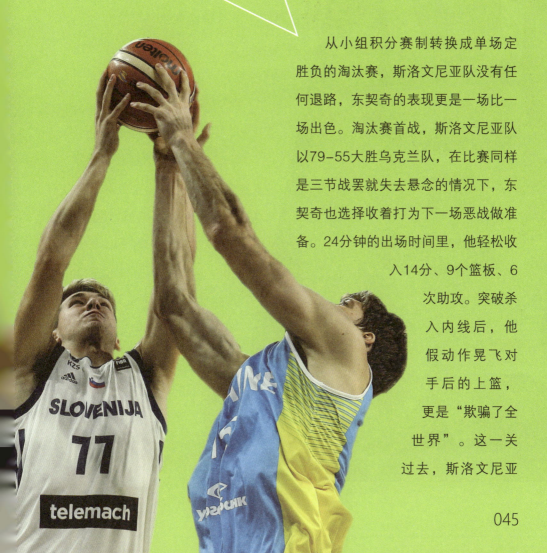

从小组积分赛制转换成单场定胜负的淘汰赛，斯洛文尼亚队没有任何退路，东契奇的表现更是一场比一场出色。淘汰赛首战，斯洛文尼亚队以79-55大胜乌克兰队，在比赛同样是三节战罢就失去悬念的情况下，东契奇也选择收着打为下一场恶战做准备。24分钟的出场时间里，他轻松收入14分、9个篮板、6次助攻。突破杀入内线后，他假动作晃飞对手后的上篮，更是"欺骗了全世界"。这一关过去，斯洛文尼亚

队时隔4年再次迈入八强，之后的他们每进一步，都是万难险阻。

八强赛的第一场，斯洛文尼亚队就迎来强敌，对手是NBA优秀内线波尔津吉斯领衔的拉脱维亚队，但为大场面而生的东契奇再次诠释了什么是"遇强则强"。比赛中，他力拼波尔津吉斯，一次比一次坚决，甚至有禁区背身单打波尔津吉斯的勾手得分。其他时候，他反击上篮打停对手，篮下送出大帽封堵对手进攻。第四节比赛，他更是多次接管比赛。强突波尔津吉斯后，他又在24秒进攻时间马上到时的情况下在三分线外3米投中超神的打板三分！最后21秒，拉脱维亚队采取犯规战术，东契奇四罚全中，没给对手任何机会，帮助斯洛文尼亚队以103-97淘汰拉脱维亚队晋级四强。

全场，他拿到27分、9个篮板，表现丝毫不输拿到26分、6个篮板、8次助攻的德拉季奇。赛后，潮水一般的称赞向东契奇袭来，德拉季奇首先盛赞："他是18~25岁这个年龄段最好的球员。"主教练科克斯科夫紧随其后，说："他正变得愈发出色，天空才是他的极限。"但东契奇却谦逊地称赞起拿到34分的波尔津吉斯："他太能得分了，我希望能像他（波尔津吉斯）那样优秀，他也许是目前世界上最好的球员之一。"可事实上，东契奇的表现才更加优秀。有了他的帮助，斯洛文尼亚队也在时隔22年后首次击败拉脱维亚队。

东契奇这样的表现，就连西班牙队核心、在NBA早就是超级内线的保罗·加索尔也开始给予他足够的认可："他充满天赋，他是斯洛文尼亚队成功的关键，他将成为NBA的球星，他技术非常全面。"但让加索尔没想到的是，东契奇的出色远超想象。

在半决赛中，斯洛文尼亚队和西班牙队狭

路相逢，西班牙队是卫冕冠军，在欧洲杯历史上12次获得前三名，这届欧洲杯之前的最近四届赛事，西班牙队更是三次拿到冠军。本届欧洲杯之前，西班牙队是冠军的头号热门球队，拥有加索尔兄弟的他们看起来鲜有对手，半决赛之前同样是一场未败。可半决赛里，斯洛文尼亚队完全掌控了主动权，三节打完就领先16分，让无数人瞠目结舌。

在东契奇的穿针引线下，斯洛文尼亚队的进攻被盘活，当挑战者不断向卫冕冠军发起像潮水一般的进攻时，无力阻止对手的西班牙队开始明显焦躁，进攻的成功率不断下降，互相抱怨的场面也是屡见不鲜。当东契奇在比赛里命中大心脏的三分、在保罗·加索尔面前敲出精妙的击地传球时，西班牙队叫停比赛，限制东契奇成为他们近乎唯一强调的任务。但西班牙队终究还是没能做到。东契奇在重重包围下尽管只得到11分，但12个篮板、8次助攻的准三双表现却让西班牙队无助叹息。最终，"斗牛士"军团轰然倒地，东契奇和斯洛文尼亚队以92-72大胜对手，历史上首进欧洲杯决赛。这个时候，加索尔兄弟或许才会理解西班牙篮协主席、昔日的国家队队友加巴约萨，为何要在一年前诚邀东契奇入籍加入西班牙队。彼时，西班牙队人才济济，后卫线也不乏卢比奥、费尔南德斯、罗德里格斯和老将纳瓦罗，东契奇只是一个17岁的青涩少年。但最终，东契奇还是选择代表祖国而战。

比赛到这里，东契奇才开始不再掩饰野心。"我们从零开始来到这里，现在有一个绝佳良机，我们会全力以赴，拿出100%的努力。"决赛前，东契奇说。对于为祖国而战，东契奇也是极为自豪："我喜欢为我的祖国而战，这种感觉太棒了。"

决赛中，斯洛文尼亚队的对手是欧洲传统豪强塞尔维亚队，对手在欧洲杯历史上6次进入前三。虽然纸面实力更胜一筹，但塞尔维亚队依然不敢懈怠。"我们要保持专注，要做好对德拉季奇和东契奇的防守。他们是一支非常优秀的球队。"塞尔维亚大将、NBA内线博班·马扬诺维奇说。

比赛开始后，东契奇也是铆足力气。当德拉季奇左冲右突时，东契奇第二节兴之所至上演了连过四人的一条龙单手劈扣，他怒吼着庆祝霸气尽显，也让塞尔维亚队不得不请求暂停。可没多久，他就在第三节意外受伤。因为防守落地不慎踩到队友，东契奇严重崴脚，不得不在关键时刻退出比赛。但德拉季奇和斯洛文尼亚队依然不可阻挡。四节鏖战后，斯洛文尼亚队以93-85击败塞尔维亚队，在历史上首次夺得欧洲杯冠军，表现出色的德拉季奇拿到MVP。

拿到欧洲杯的冠军后，东契奇喜极而泣，对他和斯洛文尼亚队来说，这个冠军都意义重大。欧洲杯前，东契奇获得了广泛赞誉，但面对各路精兵强将，他能取得怎样的成绩，这是要打上问号的。事实证明，东契奇经得起考验。整个欧洲杯，东契奇场均得到14.3分、8.1个篮板、3.6次助攻，和德拉季奇、保罗·加索尔、博格丹诺维奇以及舍维德一起入选欧洲杯最佳阵容，其他四位早就是在欧洲声名赫赫的球星。同时，东契奇还是最近34年里入选欧洲杯最佳阵容最年轻的球员。在他之前，托尼·帕克、

东契奇2017年欧锦赛数据

对手	比赛性质	上场时间	投篮命中率	三分命中率	篮板	助攻	抢断	盖帽	得分
波兰	小组赛	31	25.0%	42.9%	8	6	2	0	11
芬兰	小组赛	26	30.0%	0.0%	8	0	1	0	8
希腊	小组赛	33	58.3%	42.9%	5	3	0	0	22
冰岛	小组赛	26	45.5%	42.9%	6	3	2	1	13
法国	小组赛	28	41.7%	33.3%	9	3	2	0	15
乌克兰	1/8决赛	24	50.0%	33.3%	9	6	0	0	14
拉脱维亚	1/4决赛	36	50.0%	36.4%	9	1	0	1	27
西班牙	半决赛	36	30.0%	28.6%	12	8	0	0	11
塞尔维亚	决赛	23	30.0%	0.0%	7	2	1	1	8
场均数据		29.1	50.6%	31.1%	8.1	3.6	0.9	0.3	14.3

保罗·加索尔、彼得洛维奇、库科奇、特科格鲁等欧洲名宿都是在20岁之后才做到，但东契奇只有18岁。上一位比东契奇更年轻的是立陶宛名宿、在欧洲打遍天下无敌手的阿维达斯·萨博尼斯。

经过这届欧洲杯的层层考验，东契奇证明自己确实是欧洲数十年一见的天才。他的加入也帮助斯洛文尼亚队自1993年参加欧洲杯后首次拿到欧洲杯冠军。在已经能抗衡欧洲众多名宿后，18岁的东契奇仍然有深不可测的潜力。

就在东契奇沉浸在喜悦中时，他或许不知道外界对他的认可已经有多高。德拉季奇依旧赞美不断："他是天生的赢家，他会成为世界上最好的球员之一。"NBA球探也对东契奇极度推崇："他的统治级表现是波特、巴格利达不到的。"当时还未参加NBA选秀的波特和巴格利是美国最顶尖的两位天赋少年，他们认为："他对比赛的理解要超越任何人很多年。"甚至于，还有大量的人开始把东契奇和NBA超级名宿拉里·伯德来对比。更现实的是，东契奇已经成了2018年NBA选秀大会状元的热门人选，众多球探和NBA球队都已经对他蠢蠢欲动。

但东契奇却一如既往的冷静："我很开心能和一位传奇相比，但我需要努力的还很多，我最需要提升的是我的爆发力、防守和投篮，我每天都需要去提高。"倒是他的父亲说得很中肯："他很特别，我不会拿他和任何人作比较。我能说的是，他很快就会去NBA了。"

这次欧洲杯上光芒万丈后，18岁的东契奇和斯洛文尼亚队一起达到前所未有的高度。再一次威震全欧后，等待他的也将是康庄大道。

6

当之无愧的十年最佳

18岁横扫全欧登顶欧锦赛、19岁将联赛的荣誉尽数揽入怀中。连续两年，东契奇都在欧洲篮坛刮起疾风骤雨。放眼望去，欧洲篮坛十年之内都没有过东契奇这样的王者。甚至不夸张地说，他已经悄然完成了欧洲篮球历史上前无古人的壮举。巨星频出的欧洲篮坛见证了太多的新王诞生，却没有一个人像东契奇这样让人瞠目结舌。这一切都因为东契奇的成绩太过显赫，天赋太过突出。当把欧洲杯、欧冠联赛和西班牙联赛的目标尽数攻克后，东契奇已经毫无悬念地成了人们眼中不世出的天才。当东契奇不断用出色的表现和荣誉证明自己时，外界也愈发坚信父亲对东契奇的评价绝非是王婆卖瓜。

　　"卢卡非常全面，他可以从控卫、得分后卫、小前锋打到大前锋的位置，我不喜欢拿他和其他人比，但他确实有一些库科奇的影子。而且，他的视野像博迪洛加一样，移动像彼得洛维奇，传球像特奥多西奇。"东契奇的父亲这样评价他。

　　东契奇父亲口中的这几位是欧洲极具盛名的传奇。库科奇曾是"篮球之神"迈克尔·乔丹的得力助手，1996年当选为NBA最佳第六人，1996—1998年为公牛队的第二个三连冠做出了很大贡献。在欧洲，他获奖无数。博迪洛加虽然没有登陆过NBA，但在欧洲他同样是无数人仰望的天王。三届欧冠冠军、两次欧冠总决赛得分王、两届欧冠四强赛MVP、一次全欧洲年度最佳球员、三次欧冠第一阵容……都足以说明他的出色。彼得洛维奇在前文已提及过。

　　2018年，当东契奇已经准备参加NBA选秀大会时，太阳队时任总经理麦克多诺同样对东契奇青睐有加："自从我2003年进联盟到现在，东契奇是我见过的最出色的欧洲球员。他在欧洲杯和

欧冠十年最佳阵容
（2010-2020）

瓦斯里斯·斯潘诺里斯
希腊

波格丹·博格达诺维奇
塞尔维亚

塞尔吉奥·尤伊
西班牙

乔治斯·普林特西斯
希腊

南多·德·科洛
法国

米洛斯·特奥多西奇
塞尔维亚

迪米特里斯·迪亚曼迪蒂斯
希腊

卢卡·东契奇
斯洛文尼亚

胡安·卡洛斯·纳瓦罗
西班牙

凯尔·希内斯
美国

在皇家马德里的表现都是过去几十年里未曾见过的。"尽管当时手握状元签的太阳队没有挑选东契奇，而是选中了艾顿，但这依然不妨碍东契奇获得他们的好评。

所以，即便东契奇在2018年6月底就正式离开皇家马德里进军NBA，但在欧洲篮坛的显赫成绩依然让他得以入选"欧冠联赛十年最佳阵容"。2019年11月，欧冠联赛2010-2020的十年最佳阵容候选名单出炉，一共有50位球员获得提名，经过数个月的评选，在欧冠球队主教练、欧冠球员、报道欧冠联赛的记者和球迷集中投票后，东契奇突出重围入选了"欧冠联赛十年最佳阵容"。其他九位包括希腊传奇斯潘诺里斯和迪亚曼迪蒂斯，法国名宿科洛，西班牙名宿纳瓦罗和尤伊，塞尔维亚天王特奥多西奇等多位优秀球员，但年轻的东契奇在只打了三个赛季的欧冠联赛后，靠着超凡的表现入选其中。

同样是在2019年，已经进入NBA的东契奇依然被评选为Euroscar欧洲年度最佳球员，该奖项一年颁发一次，表现最好的欧洲男性球员才可以获奖，被认为是欧洲篮球的"奥斯卡"。诺维茨基、萨博尼斯、库科奇、彼得洛维奇、佩贾、托尼·帕克、保罗·加索尔、基里连科、马克·加索尔、特奥多西奇、德拉季奇、"字母哥"阿德托昆博都曾是这一奖项的得主。现在，东契奇同样加入了他们。

在星辰浩瀚的欧洲篮球历史上，有数不清的天皇巨星开疆裂土、独霸一方，收获欧洲联赛冠军和荣誉的同样不少。但在19岁就能做到这些的，却只有东契奇一人。这就是东契奇的与众不同，更是他为人惊叹的原因。

"我觉得这就是上天的馈赠，我生来就是要打篮球的。动脑打球对我来说是自然而然的事情，我不需要想太多就可以在正确的时候做正确的决定。"东契奇这样评价自己。

但天赋显然只是一方面。东契奇能在19岁就站上欧洲篮球之巅，还离不开努力和从未消退的篮球热情。如此年轻就成为划时代的欧洲传奇，东契奇超越了无数前辈，更为无数后辈树立了标杆。从他这里开始，欧洲篮坛也有了新的定义。遥远的大洋彼岸，世界篮球的最高殿堂，此时也在静静地等待着他去征服。

东契奇欧洲生涯荣誉

个人荣誉	2010-2020年 欧冠十年最佳阵容
	2017-2018赛季 欧冠MVP
	2017-2018赛季 最终四强MVP
	2017-2018赛季 欧冠最佳阵容一阵
	2017-2018赛季 西甲联赛MVP
	2017-2018赛季 西甲联赛最佳阵容一阵
	2017-2018赛季 西甲联赛最佳年轻球员
	2017-2018赛季 西甲联赛最佳青年球员阵容
	2017年欧洲男子篮球锦标赛最佳阵容
	2016-2017赛季 欧冠最佳年轻球员
	2016-2017赛季 西甲联赛最佳年轻球员
	2016-2017赛季 西甲联赛最佳青年球员阵容
	2015-2016赛季 西甲联赛最佳青年球员阵容
	2015年 皇家马德里队史出场西甲最年轻球员
	2015年 洛斯皮塔莱巡回赛第一阵容
	2015年 阿迪达斯下一代篮球锦标赛总决赛MVP
团队荣誉	2018年欧冠冠军
	2018年西甲冠军
	2017年西班牙国王杯冠军
	2017年欧洲男子篮球锦标赛冠军
	2016年西甲冠军
	2016年西班牙国王杯冠军
	2015年西甲冠军
	2015年FIBA洲际杯冠军

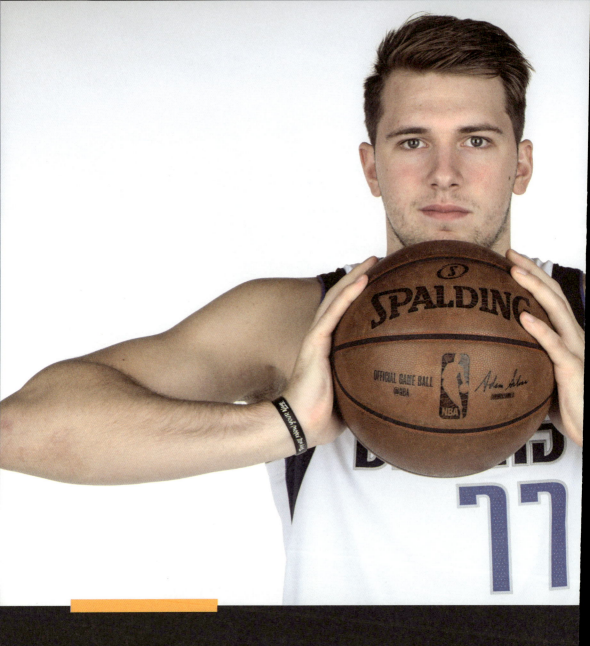

有些缘分妙不可言，比如东契奇和特雷·杨。冥冥中自有天意，自有安排，或许一生之敌早就注定。有些天赋肉眼可见，东契奇的亮相就是高光。从一开始，他就走在一个最为康庄的明星大道上。

第三章

牛仔登场
试牛刀

1

选秀夜奇妙缘分

2018年的NBA选秀大会开始不久，达拉斯独行侠队与亚特兰大老鹰队就在休赛期的自由市场上，酝酿了一笔可能决定两队未来命运的重磅交易。独行侠队老板马克·库班将手上握有的首轮5号签加上次年一个受保护的首轮选秀权打包送给老鹰队，换来他们当年心仪的首轮3号签。而这一个交换，便让两位准NBA新人互换了命运，各自交换东家，卢卡·东契奇和特雷·杨两人就此产生了千丝万缕的联系。

尽管2018年的选秀结束之后，东契奇和特雷·杨并非状元和榜眼，但时至今日两人在2018届新秀中的地位举足轻重，并且两人一度在年度最佳新人争夺中暗自较劲，当仁不让地成了这一届新人中的佼佼者。然而在选秀大会之前，这二人从未谋面，彼此也并不熟悉。

当地时间6月20日，从西班牙首都马德里乘机赶到美国金融中心，舟车劳顿的东契奇显得有些疲惫。并不像其他国际球员一样在抵达纽约第一时间四处游逛，东契奇拿到酒店房卡进入房间之后，躺到床上盖上被子期望好好地补上一觉。

但那一夜格外特殊，因为任何一个决定和选择，都可能让东契奇在之后的职业生涯面对完全不同的局面。于是夹杂着紧张和兴奋的情绪，一直到凌晨四点东契奇的意识还完全清醒，想要在午夜时分就入睡的他丝毫没有困意。于是东契奇爬起身来冲向一旁的会客厅，拿起他平日酷爱的电玩，插上自己一直随身携带的手柄，开启了一局守望先锋。复杂的心情让他很难沉浸在一款游戏中，来回切换守望先锋和堡垒之夜，看出第一次即将面临这种场面的东契奇有些心神不宁。这个时间点他恨不得选秀就此开始，尽快知道结果后能让自己悬着的心落地。

选秀开始前，时任菲尼克斯太阳队主教练伊戈尔·科科什科夫作为NBA最了解东契奇的人，曾说道："两年前我就告诉东契奇，他属于NBA。20年前或者25年前，只有欧洲顶级球员才会考

虑作为自由球员来到NBA打球，他们差不多都是在24、25岁做这个选择。
当你决定在选秀中选择一位国际球员时，你肯定会评估他们的潜力，希望
他们在未来变得足够优秀。但东契奇可不一样，他在19岁时就已经证明了
自己的能力。他完成了那么多的成就，你完全不用想，它就是球队所需要
的那个人。"

　　亚特兰大老鹰队的管理层上下则是集体在讨论他们手握的第一个选秀
权究竟该做何选择。特雷·杨，还是卢卡·东契奇？这个问题的答案在办
公间内掀起很大的讨论热潮。短时间内没有讨论出结果，原因之一就是上
一次在选秀大会用三号签换五号签的球队是明尼苏达森林狼队，OJ·梅
奥换来低顺位的凯文·乐福，事实证明那一次"交换摆烂"中的森林狼队
还是赚了一票。但上一次老鹰队拿到探花签是在2001年，那一年他们用当

保罗·加索尔与谢里夫·阿卜·拉希姆生涯数据对比
（截至2021年1月15日）

比赛性质	保罗·加索尔		谢里夫·阿卜·杜·拉希姆	
	常规赛	季后赛	常规赛	季后赛
出勤场次	1226	136	830	6
首发场次	1150	122	704	0
出场时间	33.4	35.5	34.8	21.5
投篮命中率	50.7%	50.8%	47.2%	53.5%
三分命中率	36.8%	29.7%	29.7%	0.0%
篮板	9.2	9.2	7.5	4.8
助攻	3.2	3.2	2.5	1.2
抢断	0.5	0.5	1.0	0.3
盖帽	1.6	1.7	0.8	0.0
得分	17.0	15.4	18.1	9.2

时名不见经传的保罗·加索尔交换从灰熊队得到了谢里夫·阿卜·杜·拉希姆，然而这笔交易让亚特兰大人肠子都悔青了，保罗·加索尔后来成为名人堂级别的球员，而老鹰队却眼睁睁看着他功成名就。时隔17年之后，这个已经许久不被太多球迷关注的球队在十字路口徘徊……

由于失眠，在美东时间的6月21日选秀大会上，东契奇的眼睛里布满血丝，NBA总裁亚当·肖华出场开始逐个公布结果时，东契奇还是想尽一切办法让自己保持清醒。终于在第三顺位，东契奇的名字被念到，他被亚特兰大老鹰队选中。当东契奇穿着一身从马德里空运来的海军服登场时，现场一片哗然，他戴上老鹰队的红色队帽后走入了场后。在休息室待了不到十分钟，东契奇得知自己被交易到了独行侠队，随后他便将帽子取下，丢给了一位NBA的工作人员，后者在这一晚一直为东契奇看管这顶充满特殊意义的帽子，因为东契奇在之后的采访中提到："我想我还是会把它留作纪念，并没有打算把它丢掉，但是很高兴我能够成为独行侠队的一员。"

　　选秀大会结束，东契奇敲定了自己进入NBA舞台的第一步，正当所有人都准备着去欢庆晚宴开派对时，东契奇却是特立独行的那一个。"我想我的国家现在还是凌晨四点，我认为自己不会再去参加晚宴了，我打算叫客房服务直接回去睡觉，我已经很累很累。"

　　独行侠队功勋主教练里克·卡莱尔在接受采访时说："我们非常幸运。卢卡是我们的选秀目标，我们得到了一个在我们看来能成为未来球队基石的球员。"而独行侠队的装备经理艾尔·怀特利和史蒂夫·纳什一起在加拿大长大，他已经在球队工作

17年，亲身观察
过纳什和诺维茨基的变化。对于东契奇，他说道：
"卢卡是完全不同的，别被他身上的稚气所迷惑了，相比于诺维茨基，他
对于NBA的准备更加充足。"

来自俄克拉荷马大学的特雷·杨，与在场的众多参加选秀球员一样，都
有过效力NCAA的经历。在美国大学生篮球联盟身为顶级得分手，有着一手
远投功夫的特雷·杨一直被外界看作是"下一位库里"。在纽约的选秀大会
上，特雷·杨特地准备了一套深红色的西装，这与亚特兰大老鹰队的主色调
格外相称。不知道这究竟是事先安排好的，还是命中注定的一种巧合。

老鹰队将选择目标投向了特雷·杨，后者在得知将会成为亚特兰大团
队中的一员后，兴奋地在社交媒体上开始了庆祝。在去参加NBA官方的直
播采访时，特雷·杨的手机就一直响个不
停。选秀当天

截至美东时间的晚上九点半，他一共接到了超过200人的祝贺短信。

与东契奇的疲惫相比，选秀夜当晚特雷·杨的情绪一直格外兴奋，在晚宴上他还带动气氛，几乎成为全场"最亮的仔"，仿佛对于独行侠队将其交易到老鹰队一事没有丝毫顾虑。毕竟在他心中，自己作为一个曾经单场22次助攻追平NCAA单场助攻纪录的球员，又打破凯文·杜兰特单赛季NCAA新生得分纪录，这些成绩足以让他成为亚特兰大老鹰队一直期待的新生代球星。因为自1994年多米尼克·威尔金斯离队之后，菲利普斯球馆已太久没有全场响彻"MVP"的呼声。

"即使与独行侠队的交易没有达成，我们也会最终在第三顺位选择特雷·杨。"老鹰队的一位高管回忆说道。对于选择特雷·杨的笃定，老鹰队的反应极为彻底。在得到"杨少侠"后，球队以近乎白给的方式送走了球队前头牌控卫丹尼斯·施罗德。因为对于下一个库里出现的期待，老鹰队没有理由不为特雷·杨去扫清一切发展障碍，给他一片天空任凭其在赛场挥斥方遒。

东契奇和特雷·杨两人在选秀大会当天互换东家，但即便是在会场，东契奇和特雷·杨也没有碰面，不过媒体制造对比的舆论从交易那一刻便开始了。事实证明，选秀夜造就的奇妙缘分，注定让东契奇和特雷·杨的NBA之旅充满着交集。

2

初生牛犊不怕虎

2018—2019赛季NBA常规赛前夕，达拉斯独行侠队为球队传奇巨星德克·诺维茨基送去最后一份年薪500万的老将合同，"这架德国战车"已为这支球队效力整整20个赛季，而每一位达拉斯人都明白这份合同意味着什么，一代传奇巨星的职业生涯已经正式进入倒计时阶段。

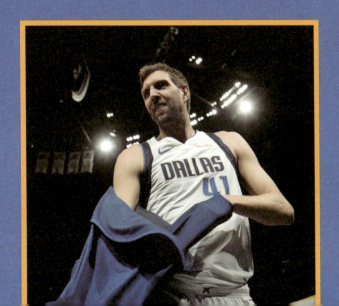

而同样是在这个夏天，卢卡·东契奇——这位一年级新生已经迫不及待地想在这个新舞台上一展自己的篮球才华。NBA是每位热爱篮球之人都梦到过的地方，当梦想照进现实，那就一如既往，勇敢前行。"每个孩子都有过NBA梦，而现今的我已然推开梦想的大门。（只要坚持梦想）他们会知道你的名字的。"东契奇说道。

独行侠队赛季揭幕战于10月18日在浅谈棒度假村竞技场进行，对手是斩获新赛季状元秀德安德烈·艾顿的菲尼克斯太阳队。比赛中东契奇这位探花秀也不出意外地出现在首发名单。这是他身披77号队服正式站在梦想起点的首场比赛，同时也是作为新一届探花秀与同届状元秀之间的直接对话，压力可想而知。

但这位达拉斯新秀毕竟也是欧洲篮坛的"老炮儿"，从他踏上这片球场的那一刻起，似乎便进入另外一种模式。他擅长用脑子打球，即便面对陌生的对手，他亦能够清晰地判断球路，寻求较为理想的出球方式，完全不像一位初踏入NBA赛场的一年级新生。

他在比赛开场不到40秒时便带领球队发动防守反击，在中路通过队友德安德烈·乔丹的挡拆掩护成功杀入篮下，并助攻后者通过扣篮拿下独行侠队在本赛季常规赛阶段的首分。东契奇融入比赛的速度不得不让人为之一惊。这位新秀的NBA首分也并没有来得太迟。

在太阳队后卫德文·布克上篮被独行侠队中锋德安德烈·乔丹封盖之后，独行侠队又迎来极佳的防守反击机会，东契奇接到乔丹传球大步运球推进至前场，在通过与队友韦斯利·马修斯的传切配合之后，东契奇接后者助攻轻松拿下了自己的NBA职业生涯首分。这一分也标志着这位冉冉升起的新星正式开启属于自己的NBA故事。

遗憾的是，由于太阳队核心球员布克和状元秀艾顿的出色发挥，独行

侠队最终落败。东契奇在出战的31分钟里，贡献10分8篮板4助攻。全场16投5中，三分5投全失，外界传来不少质疑的声音。

"赛季首秀让我的梦想可以成真，我是很开心的，但是我们表现不佳，"在赛后东契奇表示，"我认为赛季首场比赛我们打得很糟糕，但是我们还有81场比赛，（慢慢来）不担心。"

很快东契奇便迎来自己的正名时刻，揭幕战两日后，达拉斯独行侠队坐镇主场迎战明尼苏达森林狼队的挑战。独行侠队开局不利，第一节一度落后达15分之多。

然而第二节，东契奇开始发力，并带领球队强势追分。在一次抢断后紧接着命中了自己NBA职业生涯的首个三分球，随后又在底角再次命中一记三分。整个第二节比赛，东契奇的表现可谓神勇，四投四中，里突外投共砍下15分。仅这一节的得分便超越了其第一场比赛的全场得分。

到了紧张的第四节比赛，东契奇更不手软。他先是在右侧低位持球背扛森林狼队后卫罗斯，在身体几乎失去平衡的情况下命中一记高难度后仰跳投。紧接着在左侧低位再次面对罗斯高强度防守的情况下打进一记高难度跳投，帮助球队保持领先。

最后决战时刻，场上比分只差一分，森林狼队一度看到反超比分的希望，这时又是东契奇站了出来，奋力冲击篮下造成森林狼队中锋唐斯的犯规，并通过两罚中一，保持住2分的领先优势。最终，伴随着丹尼斯·史密斯2+1打成，独行侠队涉险过关，拿下赛季首胜。

这场与森林狼队的对决，东契奇用实力说话，扛起了球队的进攻，也打消了外界的质疑。他全场砍下26分6篮板3助攻的惊艳数据。而19岁234天便能取得20+的得分数据也让他成为独行侠队史上最年轻的20分先生。自此，他打破纪录的脚步便未停歇。

东契奇的抢眼表现也为球队管理层吃下了一颗定心丸，球队老板库班在赛后表示："他还有很长的路要走，但这一定是一个很不错的开始。"

东契奇在职业生涯的前六场比赛便取得场均18.7分、6.2个篮板和4次助攻的不俗战绩。

面对这一国际新秀的优异表现，同为国际球员的保罗·加索尔盛赞道："他正在杀戮，他是一个非常特别的球员。" 10月30日的这场马刺队与独行侠队的直接对话，也给东契奇这位国际新星在老前辈加索尔面前秀一把自己篮球天赋的机会。

值得一提的是，这是独行侠队背靠背的第二场比赛，全队上下经过与爵士队的鏖战之后都略带疲意。比赛到第二节，两队分差一度拉开到13分之多。然而这注定是属于东契奇的夜晚，他在第三节队友体力不支频频打铁的状况下站了出来，带领球队硬生生打出一波17-3的高潮，并帮助球队从由两位数落后到反超比分，再到一举稳定局势将比赛拖入加时阶段。

虽然经过加时苦战，独行侠队最终以5分之差不敌对手，但是东契奇在面对老前辈的交锋中，出战40分钟，18投11中，豪取31分，刷新了自己职业生涯得分新高。这似乎也在预示着长江后浪推前浪。

距离揭幕战已经过去半个月之久，东契奇经过赛季首场比赛的手感不佳之后，逐渐适应NBA节奏，场均能稳定输出近20分的进攻数据。而这位未来球队接班人却仍有着自己的烦恼。虽然自己的状态正渐入佳境，但与之相比，球队自第三场力克公牛队之后便未尝胜果，连败场次已经有6场。

东契奇也坦言，自己面临的最大挑战并不是比赛上面的问题，而是球队胜率带来的烦恼，"我之前效力的是一支胜率很高的球队（皇家马德里），因此每当我们输掉一场比赛我就会很抓狂"。

11月7日，独行侠队坐镇主场迎接奇才队的挑战，这次比赛东契奇率队先发制人，打出7-0小高潮，并在此后带队逐渐扩大比分优势。在中场他命中压哨三分后，独行侠队早已领先奇才队21分之多。最终，在全队精诚一致的决心下，独行侠队以119-100战胜奇才队。

此役，东契奇不仅拿下23分、6个篮板、3次助攻的战绩，同时他职业生涯的前10场比赛数据合计为198分、65个篮板、44次助攻，这让他成为自奥斯卡·罗伯特森后首位在职业生涯前10场比赛合计能够达到这一数据的球员。

自与奇才队一役后，在11月份剩余的所有比赛里，东契奇场均贡献18.33分、9个篮板、4次助攻，并带队打出了7胜2负的战绩，他也凭此佳绩一举当选11月份西部的最佳新秀。

在独行侠队过往取胜的七场比赛中，其中有一场焦点战役，这便是在客场与休斯敦火箭队的遭遇战。这场比赛最终以独行侠队大胜20分而告终。

在经历九天之后，12月9日这个夜晚，两支德州球队在本赛季上演了第二次对决。值得一提的是，这一夜是火箭队的前当家球星麦迪创造的"麦迪时刻"的14周年纪念日。而这时的火箭已经沦落到西部倒数第二，在这样一个极具意义的夜晚，不管是球迷还是全队，他们都极度渴望用一场胜利来纪念这一天，同时也希望能通过一场胜利扭转赛季初的颓势。

面对火箭队的反扑，面对2017-2018赛季MVP得主詹姆斯·哈登的强势复仇，东契奇能否扛住压力并带领球队再次斩获胜利？

纵观整场比赛，东契奇在前半段时间内的表现并没有什么大的建树。整个上半场，这位新秀共出场14分钟，9次出手仅命中1球，仅得到6分5篮板。面对哈登和保罗这对进攻组合的稳定表现，东契奇实属落得下风。

　　虽然双方球队在第三节比赛以84-84战平。但是到了关键的第四节比赛中，火箭队在哈登和保罗两名后卫的带领下逐渐建立起比分的领先优势。在第四节比赛还剩下3:09秒时，东契奇在防守端犯规送对方内内走上罚球线。后者稳稳罚中两球，而此刻两队的分差也来到了8分。

　　不过，如果这只是一场顺风顺水的比赛，或许也不会成就东契奇的封神之作。谁会料到，这位大半场时间内13投3中，命中率不足24%，且仅拿下10分的达拉斯新秀在接下来的时间里有如麦迪附体，并正式接管比赛。

他先是在底角落位后接队友马休斯传球，出手命中一记底线三分球。紧接着，他自己持球进攻，在火箭队中锋卡佩拉的防守下选择后撤步三分，随着篮球应声落网，比分缩近到两分。

而这只是东契奇苏醒的开始。随着保罗的两罚不中，东契奇快步将球推进至前场，面对对方防守悍将塔克，他毫不胆怯，扛着身体吃到篮下，后者甚至被东契奇扛出了油漆区。就在此刻，火箭防守露出短暂空当，东契奇抓住机会，在卡佩拉的补防前率先采用一记轻巧的小抛投将球投进，这时比分也彻底被扳平。

在比赛剩下不到一分钟时，东契奇上演本场比赛的最后一次精彩表演。这次他面对的依旧是卡佩拉，同样的位置，同样的运球左右变向晃动，同样的后撤步三分出手，这次篮球再次应声命中。这一球让独行侠队得以反超比分，获得最后时刻的三分领先优势，这一球彻底浇灭了火箭队的希望。

最终，在火箭队的三分球投篮偏离准星后，比赛以107—104告终。达拉斯独行侠队在比赛时间所剩无几的情况下，依靠着球队大心脏东契奇连砍11分后涅槃重生，并最终再次获得对阵火箭队的胜利。

要知道，赛季至此，也只有斯蒂芬·库里、路易斯·威廉姆斯以及今夜的苦主詹姆斯·哈登做到过独自得分率队打出11-0的壮举。这是一项意义非凡的数据，因为他们当中，有两位是常规赛MVP，一位是联盟最佳第六人。

正如独行侠队主教练卡莱尔所言："东契奇很特别，他无所畏惧。很显然他对于这样的时刻充满天赋，这并不常见。这是充满神奇的四分钟，你怎么吹嘘都成。他一直在进步。"

而回顾比赛最后时刻，当东契奇接连命中三分球，并将比分反超时，现场已然穿越回十四年前同一天，人们再次看到那个身披红色战袍站在丰田中心球馆一人导演35秒13分惊天大逆转的男人。

3

里程碑纷至沓来

　　险胜火箭队之后，独行侠队的战绩有所起伏，但队内新秀东契奇的破纪录表现却仍在延续。在12月17日的比赛中，达拉斯独行侠队以113-120落败于萨克拉门托国王队，东契奇在出场35分钟内15投9中，共拿下28分。至此，他在职业生涯前28场比赛中共累计拿下514分、187个篮板、137次助攻的进攻数据。

　　这一数据让东契奇成为自1983年以来，第二位能够在职业生涯前28场比赛中取得至少500分、150个篮板、100次助攻的球员。

　　而上一位能上演这一统治表现的球员则是2003年的勒布朗·詹姆斯。詹姆斯在其NBA职业生涯的前28场比赛中累计拿到了541分、169个篮板、169次助攻的数据。

　　而在12月21日独行侠队以121-125负于洛杉矶快船队的比赛中，东契奇再次高效发挥。出场31分钟内20投10中，得到32分、4个篮板、5次助攻、4次抢断的华丽数据。

　　32分的进攻得分不仅刷新了东契奇当时的个人职业生涯得分新高。单场比赛中32分4篮板5助攻4抢断的进攻数据，也让东契奇又一次完成了对于现役巨星詹姆斯的追赶，他成为自2003年詹姆斯之后首位能完成这一表现的青少年球员（13-19岁）。

　　而在独行侠队输给新奥尔良鹈鹕队的比赛中，东契奇命中7记三分，成为联盟最年轻的投入7记三分的球员。

　　这位初入联盟的斯洛文

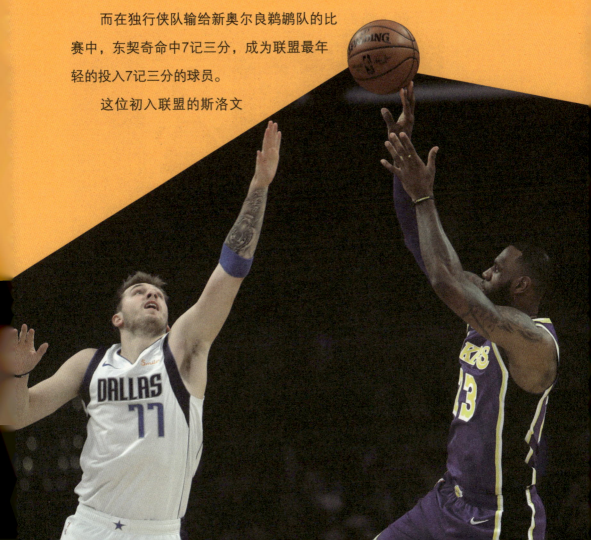

尼亚小将似乎把联盟老大哥的一切纪录作为了自己的挑战目标，他正在用自己一场场的进攻表演尽力追赶着同时期的詹姆斯。东契奇也坦言，早在孩童时期的他就观看NBA比赛，其中最让他备受鼓舞的对象便是詹姆斯，这也是他一直要追赶的目标。"很显然，勒布朗·詹姆斯一开始就是我的偶像。"

东契奇的未来有可能冲击詹姆斯的多少项纪录？答案无从知晓。但东契奇对于自己偶像的追赶不会停歇，他也在不断的追赶过程中逐渐成就自

勒布朗·詹姆斯与卢卡·东契奇新秀赛季数据对比

	勒布朗·詹姆斯 2003—2004	卢卡·东契奇 2018—2019
场次	79	72
首发场次	79	72
出场时间	39.5	32.2
投篮命中率	41.7%	42.7%
三分命中率	29.0%	32.7%
篮板	5.5	7.8
助攻	5.9	6.0
抢断	1.6	1.1
盖帽	0.7	0.3
得分	20.9	21.2

己，靠近伟大。

东契奇在新秀赛季整个11月份的比赛中，场均贡献18.3分、6.5个篮板和4.3次助攻的进攻数据。在球队新赛季开局不利的形势下，他逐渐成长起来，担任起球队的进攻箭头人物，带领球队获得了8胜4负的战绩。

12月份，独行侠队进入赛事密集月。在全月的15场比赛中，几乎无休的独行侠队只获得其中7场比赛的胜利。但这也不能掩盖新秀东契奇个人华丽的进攻表演。这一个月内，他将自己在11月份的场均得分提升了一个档次，全月场均拿到21.1分、6.4个篮板、6.1次助攻的华丽数据。值得一提的是，在这一个月内，在未能获胜的绝大部分比赛中，东契奇也都带队坚持到最后一刻。

最终，东契奇凭借自己在比赛中的抢眼发挥，在2019年1月4日蝉联西部最佳新秀。两次竞争都将同样有着不俗发挥的状元秀艾顿斩落马下。

连续月最佳新秀的欣喜之余，也让他在心中埋下另一个赛季目标——剑指NBA年度最佳新秀。

1月22日，独行侠队远赴密尔沃基，向此时排名联盟第一的雄鹿队发起猛烈冲击。

值得一提的是，在这场比赛前，东契奇在西部全明星球迷票选排行榜排名第二，而雄鹿队当家球星扬尼斯·阿德托昆博则是东部的票王。这是一场西部总票第二与东部票王之间的竞争，同时也是被外界传为下一对"詹姆斯与杜兰特"之间的对决。因此，这场比赛还未开打，便吊足了观众们的胃口。

纵观整场比赛，"字母哥"发挥全明星票王应有的实力，他20投10中，投篮命中率与三分命中率均为50%，取得31分、15个篮板、5次助攻的数据。最终，雄鹿队以116-106战胜独行侠队。东契奇并没有突破"字母

哥"的围追堵截，但他在这场比赛中砍下18分11助攻10篮板1抢断1封盖的数据，而这一三双数据也是东契奇自进入联盟后的首个三双。

"就我看来，东契奇本人几乎是无所不能的。他就像我预料中的那样，面面俱到。"这是与雄鹿队赛后，雄鹿队队员埃里克·布莱索对于东契奇三双表现的盛赞。

的确，在一场比赛中砍下三双数据，对于许多球员来说，这可能是一辈子都无法企及的梦想。而东契奇只用了短短三个月时间，便拿到NBA职业生涯的第一次三双数据，此刻的他也才年仅19岁零327天。东契奇也凭借这一三双数据成功晋升为NBA历史上第二年轻的"三双先生"，仅次于76人队的后卫马克尔·福尔茨。

福尔茨在19岁零317天时砍下了自己职业生涯的第一次三双数据。而东契奇也不过比福尔茨多了10天便达到同样的高度。试想，如果东契奇没有选择先参加欧洲篮球联赛，可能此刻，NBA历史上最年轻的三双先生便刻上了东契奇的名字。

在斩获三双数据后，东契奇必须学会更加习惯和适应对手对于他防守策略的倾斜。只有这样，这个球队指挥官才能够更加自如地在这个残酷的联盟之中创造出属于自己的一片天地。

4

全明星赛初体验

2019年2月16日，一年一度的NBA全明星周末在夏洛特黄蜂队主场光谱中心拉开帷幕。这是NBA联盟的第68届全明星赛。同往年一样，为期三天的NBA全明星周末既是一场现役顶级球星们的大聚会，也是球迷们大狂欢的日子。

这个全明星周末对于卢卡·东契奇有着非比寻常的意义。这是他作为新秀球员在菜鸟赛季首次亮相全明星周末，在这个全世界最璀璨的地方，他需要做的仅是享受这个球员盛会带来的快乐。东契奇一度非常接近以新秀身份成为全明星首发。

在球迷投票阶段，东契奇便凭借自己征服赛场的表现赢得了来自全世

界球迷的支持。4242980票，东契奇的球迷投票数高居联盟第三位，位列
此前人气王"萌神"库里、新科常规赛MVP哈登、两届FMVP得主杜兰特
之前，仅次于东西部两大票王字母哥和詹姆斯。很显然，与那些全明星常
客相比，人们更希望把这位外形俊朗、球打得好的欧洲小将送进NBA全明
星赛。

在菜鸟赛季便能拿到球迷人气第三的票选，对于初入联盟的他来说，
也是一份褒奖。但是遗憾的是，在媒体投票中东契奇位列第六，在球员投
票中仅排名第八。这位在球迷投票中高居西部第二的新秀，最后加权得分
值为4.5，不敌杜兰特和保罗·乔治两位巨星，无缘全明星赛首发资格。

随后，2019年NBA全明星替补名单于2月1日正式出炉。由于西部人才济济，作为菜鸟的东契奇并未受到30支球队主教练的青睐，这位欧洲"流量大户"遗憾无缘2019全明星正赛。

但是这位新秀球员仍然要完成他的另一场表演——新秀挑战赛。

NBA全明星周末的新秀挑战赛素来都是NBA未来超级明星们的试验场，NBA新秀球员可以在这片场地上尽情地向观众展示他们肉眼可见的天赋。

新秀挑战赛向来也并不缺乏焦点，自从2015年新秀赛变为世界联队对抗美国队后，也让其观赛体验毫不逊色于全明星正赛。东契奇能否带领整体性更强的世界联队战胜美国新秀队，成为关注焦点。有意思的是世界联队主帅正是独行侠队"老天王"诺维茨基。本场比赛也是东契奇与同届优秀新秀们的直接对话，这其中就包括了在选秀夜互换东家的特雷·杨，人们期望在表演赛中看到"神仙打架"。

东契奇能否斩获这场新秀赛MVP？作为世界联队教练的诺维斯基与后辈东契奇会在场上碰撞出什么样的火花？这些都是所有人关注的问题。这些无疑为2019年新秀挑战赛增加了更多的可观性。就连独行侠队老板库班也前来夏洛特，要一睹这位球队新核带来的风采。

当然，东契奇也确实为2019年的这场年度大秀增添了许多色彩，只不过却完全不是大家想象中的那样。

他与众不同的表现，似乎在这场比赛开始前便稍有显色。当世界联队教练诺维斯基在场边落座，当其他所有新秀球员都紧张地为这场比赛备战时，东契奇却夹着球与美国新秀队教练凯里·欧文开心地唠起家常，眉宇间露出的大男孩的笑容，丝毫感受不到他对于比赛的任何紧张之情，反倒是一种佛系。

当比赛临近开始，大男孩继续本色出演。"让我跳球，让我跳球！"超皮的大男孩完全不按套路出牌，他一脸严肃地向队友艾顿表达着自己想

跳球的意愿。

或许时下的艾顿还并未适应东契奇的"套路"，他以为对方是在戏耍自己，转身准备离开。大男孩又急忙上前示好，用近乎撒娇的口吻表达道："兄弟，我开玩笑的，（我当然知道）你是最好的跳球手。"在东契奇的气氛调节下，这场秀的紧张气氛缓和了不少。

在愉快氛围的感染下，艾顿也促成了东契奇与国王队后卫福克斯之间跳球的"搞笑"场面。当世界队进攻时，东契奇这位顽皮小子又来了一次活灵活现的模仿秀。他一边持球推进一边喊着："我是福克斯，快看啊，我是福克斯。"

即便在替补席，东契奇也并不安分。当马文·巴格利在场上完成折叠暴扣时，东契奇转头向诺维斯基说道："（你知道吗？）我在年轻的时候也经常做这种动作的。"

而在最后一节，当他在场上完成扣篮时，则故意在篮筐上吊了10秒钟。想必他此刻内心独白：看，老"司机"，我就说吧，我也能跳这么高。

东契奇在场上的一举一动都尽显其乐天派的精神。他也逐渐适应了这种环境，尽情享受着这个大舞台带来的快乐。

东契奇在自己的第一次全明星赛表演中甘当配角，在场时间内全力帮助世界队组织进攻。当队友出现机会的时候，他毫不吝啬球权，甘愿埋没自己的才华，将球第一时间传送到位。

直到次节比赛进行到2分50秒时，东契奇才在底角接球后命中一记三分球。当篮球应声入网时，此刻场上的镜头也立刻转向了世界联队教练诺维斯基。老"司机"面挂笑容，满是欣慰地深情望着场上的新秀东契奇，此刻的老"司机"眼中，满是自己年轻时候的样子。

最终，世界联队以144-161不敌美国队，东契奇则在登场的24分钟时

扣篮

看，老"司机"，
我就说吧，
我也能跳这么高。

间内12投5中，拿到13分5篮板9助攻的表现。尽管，东契奇最终没有像大家期待的那样捧起新秀挑战赛MVP奖杯，但是东契奇在场上表现的乐天派精神也足以让众球迷与之一同欢乐。他的顽皮，他的大男孩的率真，感染着在场的每一个人。

而在赛后，他也将自己的搞怪进行到底。

在谈及诺维斯基在赛前动员大家不要像东契奇一样过度运球时，东契奇也同样打趣道："我不知道这回事啊，不过，这也许就是我们输球的原因吧。""对于我来说，我就是为球迷去表演，我觉得这很好，我也打得很开心。"

新秀挑战赛的大幕刚刚落下，有着"不寻常"表现的东契奇也参加了第二日的技巧挑战赛，他延续了首日的搞怪风格，继续自己的"佛系"对决。

参加技巧大赛的球员共有八位，分别是：迈克·康利、卢卡·东契奇、达龙·福克斯、尼克拉·约基奇、凯尔·库兹马、杰森·塔图姆、尼古拉·武切维奇、特雷·杨。而东契奇也毫不意外地被外界视为这一单项的冠军。

根据分组，东契奇第一轮与库兹马进行对决。

对决中，库兹马凭借出色的运球率先来到三分点，却不料东契奇上演了逆转好戏，抢先命中三分。

"我当时都以为我都要输掉这场对决了，我本以为他会命中其中的一球。然而，最终是我命中的，所以我觉得这很意外。"

"佛系"的东契奇自己都没有意料到自己会晋级。

然而，在第二轮的对决中，特雷·杨并没有给东契奇逆转的机会。特雷·杨一路领先，并在三分球环节率先命中一记三分，顺势击败东契奇。

虽然东契奇在与特雷·杨的比拼中败下阵来，无缘单项冲顶，但这貌似并没有影响到东契奇享受全明星周末的心情，他笑容满面地坦然接受了这一事实。

"今天，我看到所有球星和名人都在盯着我看，这让我感觉有点怪怪的。（但）我就是不关心输赢，我就是在尽情地玩。"

的确，初登NBA全明星赛的东契奇的确散发了与同龄人不同的气质，他对于这场秀的认知水平，他对于这样环境的熟悉且放松的状态，俨然更像一位全明星常客。

"这是我在全明星赛的第一次体验，这很棒，我还期待着更多。"

正如东契奇自己所言，NBA全明星赛，他期待更多，而我们也期待他更多。

这是一个关于传奇落幕的故事，虽然这个故事终将被淹没在历史长河中，但它所传承的信念将会一直延续下去。风云二十载，白驹过隙！老天王诺维茨基的正式退役，宣布了达拉斯独行侠队一个时代的终结，而另外一个时代将由达拉斯独行侠队的后生东契奇开启。

第四章

天王衣钵传新王

1

苦涩失败

全明星的秀场美好但短暂，对于新秀东契奇来说，他还来不及回味美妙的时刻，就不得不面对球队战绩下滑的尴尬。达拉斯独行侠队自3月3日大比分落败于孟菲斯灰熊队一役后，便开启了自己苦涩的连败模式。

在进入2019年3月的上半个月内，他们先后输给孟菲斯灰熊队、布鲁克林篮网队、华盛顿奇才队、多伦多魔术队、休斯敦火箭队、圣安东尼奥马刺队、丹佛掘金队，苦吞7连败。而这样的战绩也让独行侠队提早退出争夺季后赛的行列。

当然，这其中也不乏几场抓住机会便能获胜的场次。3月11日，达拉斯独行侠队坐镇主场迎来休斯敦火箭

队的造访。在经过赛季初期的磨合后，火箭队逐渐找到攻防节奏，以西部第三的身份对独行侠队再次发起挑战，他们试图找回赛季初两回合交手中丢失的颜面。而此时的独行侠队已经跌至西部第十四名。

火箭队球星克里斯·保罗评价这场比赛时说道："独行侠队在本赛季对阵我们时都有着很不错的发挥。事实上，他们能限制我们得分不过百，这也很少见。"

正如保罗所说，这场比赛的比分并没有因为两支队伍的排名悬殊而丧失观赏性。相反，独行侠队紧咬比分直至最后一节。比赛来到最后一个回合，随着火箭队哈登中路杀入，打板上篮不中，独行侠队拿下防守篮板。这时比赛的时间仅剩下最后的8.5秒，独行侠队本可以叫一个暂停认真布置一下最后一攻的内容。

但他们并没有这么做，而是选择让东契奇运球推至前场。东契奇在面对保罗的防守与哈登的突然包夹下，只能被迫选择将球传给了队友杰伦·布伦森。后者在接球后仅剩下1.8秒的情况下，只得匆忙出手，但不幸被保罗提前预判，并被封盖。最终独行侠队只得以一分之差（99-100）落败于火箭队。"我们应该叫一个暂停布置一下的。因为这是最后一个回合，我总是希望能够得到最后一击的机会。"东契奇在赛后表达了对于这场比赛胜利的渴望。

虽然东契奇砍下19分、15个篮板、9次助攻的准三双，但显然最终没能通过绝杀带走这场比赛的胜利让他备感懊恼。三日之后，同样的一分惜败惨痛再次袭来，只不过这回换成了丹佛掘金队无情地将这把利剑再次刺入独行侠队。

来到关键的第四节比赛，开端时独行侠队还建立起10分的领先优势，但在丹佛人的穷追不舍下，比分劣势瞬间被抹平。在比赛还有1分钟时，随着约基奇的两罚全中，掘金队甚至反超一分。这时独行侠队场上核心东契奇再次站了出来。面对丹佛人的全场扩大防守，站在弧顶位置的他瞬间找到防守空当并直杀篮下，完成本场比赛最经典的一记暴扣，将比分反超的同时也获得一次罚球机会。

这时的独行侠队板凳席早已热血沸腾，诺维茨基也振臂高呼，大家都准备好迎接这场久违的胜利。可惜，东契奇在最后时刻由于体力不支，最终没能命中那个罚球，留给了丹佛人5.8秒的进攻时间。然而就是这5.8秒足以让对方超巨约基奇用一记转身的后仰投篮将比赛杀死，最终哨响球进，达拉斯人再一次跌倒在胜利的边缘。东契奇的准绝杀扣篮几乎让达拉斯人看到了止住连败的希望，但无奈一山更有一山高，约基奇亲手扼杀了他们的希望。"我不应该这样的，我应该命中那个球的，我让球队失望了，那不是真正的我。"赛后东契奇这位新秀失望地重复着这样的话语。

虽然输掉了与掘金队的比赛，虽然球队晋级无望，但你永远不能低估一颗想获胜的心。与掘金队的整个第四节，东契奇都是在高强度的攻防回合中奔波，过度的体力输出让他很多次喘不上气来。而他全场出战35分钟23投10中得到24分11篮板9助攻的又一准三双数据也不会骗人。

是的，他也多么希望那一球能打进，他也多么渴望再次带领球队开启胜利的大门。

"这是我经历过的最失败的赛季，没有之一！我们现在输球的场次已经跟我之前（在欧洲）比赛输的所有的比赛加起来一样多了。"接连的输球，让东契奇备感不适，甚至一度在与掘金队比赛之后饱含泪水。"这就是NBA。你会遇到很好的一面，当然你也会面对比较糟糕的一面。不管是面对什么样的情况，我认为更重要的事情应该是坚持始终如一地工作。"2019年2月份被交易至独行侠队的波尔津吉斯（因伤该赛季无法出战）对东契奇这样说道。

或许这便是上天的安排，人都是需要经历成长路上的苦难的。也许只有像波尔津吉斯所说，接受事实，并不断坚持自己的工作，才会有所改观。

2019年3月19日，独行侠队迎来他们在2018-2019赛季的里程碑一战。在独行侠队主场对阵新奥尔良鹈鹕队的比赛中，比赛第一节8分35秒时，独行侠队传奇巨星德克·诺维茨基在接东契奇助攻后，以一个标准的后仰跳投命中一记两分球。而也正是这两分，让诺维茨基的个人职业生涯常规赛总得分达到了31420分，成功超越张伯伦的31419分，"诺天王"的NBA职业生涯常规赛总得分也成功升至第六位。

此刻，常规赛历史得分榜也只有卡里姆·阿卜杜尔·贾巴尔、卡尔·马龙、勒布朗·詹姆斯、科比·布莱恩特和迈克尔·乔丹这五位传奇巨星排在这位老牛仔的前面。这次，作为一年级新生的东契奇也没有

NBA历史得分榜
（截至2021年1月7日）

名次	球员	得分
1	卡里姆·阿卜杜尔·贾巴尔	38387
2	卡尔·马龙	36928
3	勒布朗·詹姆斯	34432
4	科比·布莱恩特	33643
5	迈克尔·乔丹	32292
6	德克·诺维茨基	31560
7	威尔特·张伯伦	31419
8	沙奎尔·奥尼尔	28596
9	摩西·马龙	27409
10	埃尔文·海耶斯	27313

错过这一历史时刻，并且亲自帮助"诺天王"完成了这一里程碑的超越。在完成这一破纪录壮举后，东契奇高举手臂走到中线附近与诺维茨基相拥庆祝，两人在赛场中央相互依偎在一起。相信，联盟内最好的新老传承也不过如此。

虽然最后独行侠队在这场极具意义的比赛中抱憾落败，但是东契奇拼至最后一刻。他出战39分40秒，获得29分13篮板10助攻，用一个三双数据献礼"诺天王"。本场战罢，独行侠队也在随后的两场比赛中相继失利。东契奇在场独行侠队遭遇10连败，这10场比赛中，东契奇场均贡献21.4分8.9篮板5.9助攻，这对于一名新秀球员来说已然是一个非常不错的进攻数据。但10场比赛内过低的全场正负值表现，也暴露出一些问题。看来，要想真正将"诺天王"的接力棒接下去，并坐稳领袖的位置，这位一年级新秀还有很多需要提升的。

不过，正如"诺天王"对于后辈的鼓励那般："他才20岁，慢慢来，不需要过分担心。"

三双纪录

不仅是对于东契奇，职业生涯首个赛季对于每一位初进联盟的一年级新秀来说，都实在太过漫长。要知道欧洲联赛一个赛季也不过38轮比赛而已，而NBA单是常规赛就长达82轮。

"精力方面我还算可以。只是以前在欧洲联赛效力的时候从没有打这么多的比赛。NBA联盟是真的有很多、很多的比赛要打，我还需要逐渐习惯这些。"

是的，在这种漫长的赛季中，东契奇必须学会逐渐适应联盟的生存环境。适应赢球，适应输球，适应这里的一切。2018-2019赛季常规赛接近收官时间，东契奇也在积蓄力量。尽管剩下的比赛里独行侠并不用再去追

求战绩，但这位一年级新秀渴望在剩下不多的比赛里取得更多场次的胜利。他全心全意对待每一场比赛，想通过更多比赛的胜利逐渐找到曾经赢球的感觉，以便在下个赛季可以延续较佳状态。

3月24日，达拉斯独行侠队奔赴甲骨文球场与卫冕冠军勇士队一较高低。此前，东契奇在场独行侠队已经遭遇10连败，东契奇本人也试图把这场比赛作为突破口，一洗之前的颓势。首节开始，由于勇士队缺席队内核心斯蒂芬·库里，队内另一大得分杀手凯文·杜兰特则表现出来强烈的求胜欲望。他单节12次出手，然而仅有4次命中，拿下10分。而反观独行侠队这边，在老将诺维茨基和科勒贝尔联手，仅9次出手的情况下，也同样拿到10分。然而，这样重要的比赛，绝不能缺少独行侠队"新少主"东契奇的发挥。可以说，这场比赛是属于东契奇的秀操作之战，而比赛的真正主角也正是他。他在第一节便命中3记三分球，单节狂砍11分、7个篮板、5次助攻的超豪华数据，并带领独行侠队在第一节结束后建立起15分的领先优势。

比赛次节，独行侠队在东契奇的进攻串联下，打出赏心悦目的比赛。比赛中场，他们便依靠全队火热的三分球手感建立了28分的巨大领先优势，这也几乎带走比赛的悬念。而半场13记三

NBA新秀单赛季三分命中数榜单（截至2021年1月15日）

序号	球员	赛季	球队	三分命中数
1	多诺万·米切尔	2017—2018	犹他爵士	187
2	达米安·利拉德	2012—2013	波特兰开拓者	185
3	卢卡·东契奇	2018—2019	达拉斯独行侠	168
4	兰德里·沙梅特	2018—2019	费城76人/洛杉矶快船	167
5	史蒂芬·库里	2009—2010	金州勇士	166
6	凯尔·库兹马	2017—2018	洛杉矶湖人	159
7	鲁迪·费尔南德斯	2008—2009	波特兰开拓者	159
8	克里·基特尔斯	1996—1997	新泽西网	158
9	特雷·杨	2018—2019	亚特兰大老鹰	156
10	胡安·卡洛斯·纳瓦罗	2007—2008	孟菲斯灰熊	156

分球，也追平他们队史的半场三分球命中纪录。当然之前远投稳定性饱受外界质疑的东契奇，在本场比赛中也有4记三分球进账。这也让他的菜鸟赛季三分球命中数来到161记。这一数据也足以让东契奇在NBA新秀赛季三分命中榜中占得一席，排在东契奇前面的球员只有三名：史蒂芬·库里、达米安·利拉德和多诺万·米切尔。

最终，独行侠队以126—91拿下一场酣畅淋漓的大胜。这场比赛的胜利，虽说在情理之中，但也或多或少有点意料之外的惊喜。本场比赛，东契奇三节"打卡下班"。共登场27分钟，14投6中，罚球线上11罚7中，贡献了23分、11个篮板、10次助攻的三双数据。而他只用26分钟的时间，便成功砍下个人职业生涯的第六个三双战绩，让人津津乐道。

此刻，对于这位斯洛文尼亚新秀来说，没有什么比亲自操刀上演大胜卫冕冠军更快乐的事情了。在一天之前与国王队的比赛中，东契奇刚刚凭

NBA新秀单赛季三双数榜单（截至2021年1月15日）

序号	球员	赛季	球队	三双次数	备注
1	奥斯卡·罗伯特森	1960-1961	辛辛那提皇家	26	球队名称现为萨克拉门托国王
2	本·西蒙斯	2017-2018	费城76人	12	
3	卢卡·东契奇	2018-2019	达拉斯独行侠	8	
4	埃尔文·约翰逊	1979-1980	洛杉矶湖人	7	
5	阿尔文·亚当斯	1975-1976	菲克斯太阳	5	
6	汤姆·古拉	1955-1956	费城勇士	5	球队迁移至加州，改名金州勇士
7	贾森·基德	1994-1995	达拉斯小牛	4	球队名称现为达拉斯独行侠
8	拉玛尔·奥多姆	1999-2000	洛杉矶快船	3	
9	蒂姆·哈达威	1989-1990	金州勇士	3	
10	大卫·罗宾逊	1989-1990	圣安东尼奥马刺	3	
10	凯文·约翰逊	1987-1988	菲尼克斯太阳	3	
10	迈克尔·乔丹	1984-1985	芝加哥公牛	3	
10	盖伊·罗杰斯	1958-1959	费城勇士	3	球队迁移至加州，改名金州勇士

借13分10篮板的两双数据打破队史新秀赛季两双数据（20场两双）纪录。在这个与卫冕冠军交手的夜晚，他又一次将自己的名字与纪录相绑定。

值得称道的是，这是他新秀赛季第6次砍下三双数据，荣登NBA联盟历史新秀三双榜第四名。而排在东契奇前面的球员是：奥斯卡·罗伯特森（26次），本·西蒙斯（12次）以及"魔术师"约翰逊（7次）。

NBA联盟在21岁生日之前获得三双次数方面，东契奇成功超越了偶像勒布朗·詹姆斯的5次，距离排在第一名的"魔术师"约翰逊的7次也仅差

1次而已。而在本赛季正式结束之时，东契奇新秀赛季三双次数则是8次，也正式超越"魔术师"约翰逊。

"他是一名现象级球员。他拥有着出色和全面的技巧。他在场上不管是技巧、能力还是球感都发挥得十分出色。"NBA球星史蒂夫·纳什禁不住对这名新秀球员夸奖。当一个个数据呈现纸面，也意味着巨星正在诞生。与此同时，在菜鸟赛季三双数据的频繁出现，彰显出东契奇的全能属性。

附

东契奇第一个NBA赛季三双场次

2019年1月22日

达拉斯独行侠队以106-116败给密尔沃基雄鹿队。东契奇出场33分钟，17投6中，得到18分、11个篮板、10次助攻的三双数据。这也是他初进NBA联盟后的第一次三双。凭借这次三双数据，东契奇成为NBA历史上第二年轻的"三双先生"（19岁327天），而第一名则是当时费城76人队后卫马克尔·富尔茨（19岁317天）。

2019年1月28日

达拉斯独行侠队以120-123憾负多伦多猛龙队。东契奇出场36分钟，24投15中，砍下35分、12个篮板、10次助攻的三双数据。这是他NBA生涯的第二次三双表现，也是NBA历史上20岁以下球员首位能得到30分并获得三双的球员，同时也是NBA历史上第七位能在新秀赛季得到35分同时又完成三双的球员。

2019年2月7日

达拉斯独行侠队以99-93战胜夏洛特黄蜂队。东契奇出场35分钟，20投5中，砍下19分、10个篮板、11次助攻的三双数据。这是他NBA生涯的第三次三双表现。

2019年2月26日

达拉斯独行侠队以112-121不敌洛杉矶快船队。东契奇出场33分钟，12投7中，砍下28分、10个篮板、10次助攻的三双数据。这也是他

NBA生涯的第四次三双表现。

2019年3月19日

达拉斯独行侠队以125-129负于新奥尔良鹈鹕队。东契奇出场39分钟，26投10中，砍下29分、13个篮板、10次助攻的三双数据。这是他NBA生涯中第五次斩获三双数据。同时，这也让东契奇成为NBA历史上第六位在新秀赛季至少砍下5次三双的球员。

2019年3月24日

达拉斯独行侠队以126-91战胜金州勇士队。东契奇出场27分钟，14投6中，砍下23分、11个篮板、10次助攻的三双数据。这是他NBA生涯的第六次三双，同时，新秀赛季的6次三双也让东契奇排在了NBA历史第四名。

2019年3月27日

达拉斯独行侠队以121-125不敌萨克拉门托国王队。东契奇出场36分钟，20投9中，砍下28分、12个篮板、12次助攻的三双数据。这是他NBA生涯中第七次斩获三双的表演。

2019年4月10日

达拉斯独行侠队以120-109力克菲尼克斯太阳队。东契奇出场32分钟，14投6中，砍下21分、16次篮板、11次助攻的三双数据。这是他NBA生涯的第八次三双表现，同时也是他在2018-2019赛季的最后一次三双表演。

3

送别天王

2019年4月10日是2018-2019赛季常规赛的倒数第二日。这是平凡的一天，但也是值得载入NBA联盟史册的一天。达拉斯独行侠队坐镇美国航线中心球馆主场迎接菲尼克斯太阳队挑战，虽然独行侠队与太阳队都没能拿到季后赛的门票，但这场比赛是德克·诺维茨基与达拉斯主场球迷的告别之战。诺维茨基将在本场比赛中把书写达拉斯独行侠队历史的"笔"传递给"后生"东契奇，希望他在未来继续勾勒出达拉斯的荣耀。

在赛后退役仪式上，球馆上空投射出几道闪亮的光束，逐渐形成41、21和1几个数字映射在比赛场地上，这些数字给观众传达的意思是"41号

21年1个人一座城"，诺维茨基把所有的辉煌与低谷都奉献给这座城市。当观众看到这些数字之后高喊出"MVP"，这是整个达拉斯对"诺天王"21年坚守独行侠队的敬意。诺维茨基面对这样的场景感慨道："这是我最后的一次主场比赛，因为有你们，这是一段难以置信的旅行。"

当全场高呼"MVP"的声音戛然而止，美航中心球馆上空突然响起致敬诺维茨基视频的旋律，视频中一帧帧地播放"诺天王"的高光时刻。当画面一点点映入眼帘，不禁让人陷入回忆，"诺天王"21年的职业生涯拼搏史历历在目。有他进入联盟选秀的青涩，有他年轻时灵活的突破扣篮，当然也必须有捧起总冠军的兴奋和激动，以及达成单人单队30000分的汗水和泪水，最后也缺少不了他那以"金鸡独立"命名的投篮动作。这是一个关于传奇落幕的故事，虽然这个故事

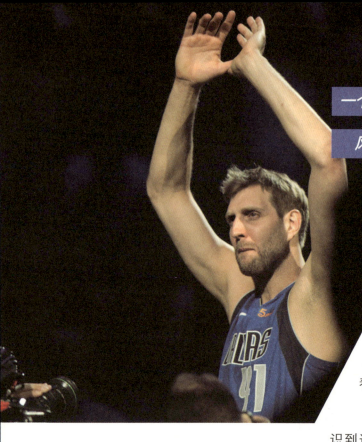

一个关于传奇落幕的故事

风云二十载，白驹过隙

终将淹没在历史长河中，但他所传承的信念将会一直延续下去。风云二十载，白驹过隙，"老司机"看着致敬视频潸然泪下。

回到赛前，诺维茨基意识到这是他最后一次在美航中心球馆主场为达拉斯独行侠队效力。薪火传承，达拉斯独行侠队还需要更多的年轻球员去开拓新的辉煌。他看着身后年轻的球员，目光渐渐汇聚到比他小整整20岁的东契奇身上。

诺维茨基的思绪逐渐回到了那个梦开始的地方。

梦的开端是1998-1999赛季6月24日那个夜晚，一个来自欧洲的19岁少年在NBA选秀之夜迎来他这辈子最重要的时刻。当时达拉斯队用六号签选中的罗布特·特雷勒换来了密尔沃基雄鹿队9号签选中的诺维茨基，此后"诺天王"开启了达拉斯队最为璀璨的时刻，而他本人也相继获得MVP、入选第一阵容等荣誉。

20年后的选秀大会上，一个同样来自欧洲的19岁少年——东契奇，也站到了选秀大会的舞台上。在NBA选秀上，达拉斯独行侠队用五号签选中的特雷·杨和一个未来选秀权换来了亚特兰大老鹰队用三号签选中的东契奇。历史总是如此相似，这是否意味着达拉斯独行侠队将迎来下一个璀璨的20年呢？

哨声响起，诺维茨基回到了现实，他看了一眼身上的战袍，感受到了他的历史使命，他必须全身心地投入到这场比赛中，"诺天王"会在这场比赛中完成对东契奇的最后的传承。

而在此刻，东契奇也意识到这场比赛的重要性，这是诺维茨基在美航中心的最后一次表演，东契奇甘愿将这场比赛的主角让给"诺天王"，而自己作为"诺天王"的陪衬，会让其获得更多的进攻表现。比赛刚进行到29秒，东契奇完成抢断并快速运球推进到前场，东契奇弧顶持球，诺维茨基下顺并快速折回，东契奇顺势将球传给45°角的"诺天王"，一个干拔跳投将球稳稳命中。诺维茨基与东契奇共同拿下了球队的第一分，并吹响了达拉斯独行侠队进攻的号角。

虽然独行侠队与太阳队都无缘季后赛，但太阳队为表达对这位老将的敬意，也不留余力地进攻，开局双方你来我往。独行侠队在诺维茨基和东契奇的连袂表演下建立了15分的优势进

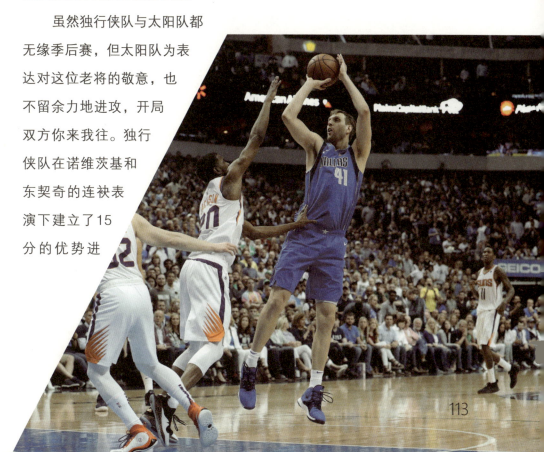

入下一节。值得一提的是，诺维茨基开局包揽了球队的10分，其中有半数以上的得分是通过东契奇组织串联获得。

次节比赛，诺维茨基继续保持火热的状态，持续进攻得分。面对这样的状况，太阳队主教练科克斯科夫·米克尔重新布置对诺维茨基的防守策略，太阳队全队对诺维茨基实施了盯防和夹击。

诺维茨基在太阳队的高强防守下已筋疲力尽，在这艰难的时刻，他的余光看见一个年轻的身影空切跑出空位，而这个身影正是东契奇。此刻的诺维茨基也觉得是时候将主角光环还给后辈了，于是将球传给东契奇，后者将球稳稳命中。在之后的进攻回合中，诺维茨基选择了将球传给更多空位的东契奇，由东契奇继续延续达拉斯队的进攻势头，而自己也甘愿担任起了这支球队的进攻串联者。看着一个个球应声入网，他对达拉斯队的未来充满了希望。半场战罢，他俩共同为球队建立起30多分的领先优势。

进入紧张的第四节，老迈的"德国战车"马力早已下降。太阳队抓住这一契机，迅速将比分缩小至5分。在这一危机时刻，球队的接棒者东契奇站了出来，外线连续的三分命中帮助独行侠队保持住领先优势。此刻，场上的"诺天王"看着东契奇的表现，更加地坚信东契奇将接任他继续书写达拉斯的荣耀。

在距离比赛结束还剩1分25秒时，诺维茨基罚球线持球背打吉默·弗雷戴特，通过后仰跳投拿到了他本场比赛的最后2分，同时也是他在美航中心最后的绝唱。

最终，独行侠队主场以120-109力压太阳队，迎来了一场酣畅淋漓的胜利。诺维茨基和东契奇在这个夜晚携手上演了一场精彩的比赛。

本场比赛诺维茨基与东契奇合砍51分。值得注意的是，"老司机"最终创当赛季新高30分，另外也拿到8个篮板、3次助攻的数据。身体力行传

递给东契奇每一场比赛都应拼尽全力为球队做贡献。也正如德克在赛前所说："我还是要努力专注于比赛，专注于自己的投篮，最后一次享受和对手竞争的乐趣。"

东契奇也不负所望，本场比赛豪取赛季的第8次三双，取得21分、16个篮板、11次助攻、3次抢断的数据。值得一提的是，东契奇在比赛中拿到16个篮板球的数据，刷新了职业生涯篮板球纪录。赛后东契奇在社交媒体上写道："今晚是特别的。感谢你，德克！"

次日，独行侠队迎来背靠背的第二次比赛，奔赴马刺队AT&T中心球馆，展开了这个赛季的收官之战。经典的"牛马大战"再次上演，遗憾的是马刺队核心组合"GDP"早已不在，而"老司机"还在默默坚守着，但这也是诺维茨基职业生涯的最后一场比赛。

在赛前，马刺队管理层为诺维茨基献上致敬视频，以表达他们对老将的致意。当视频开始播放的那一刻，所有球迷起立为其鼓掌，给予他多年征战的肯定，"诺天王"眼含泪花地看完致敬视频，并起身挥手向所有球迷表示由衷的感谢。

视频结束后，全场灯光熄灭，球场回荡起那个熟悉的声音，"接下来，有请14次NBA全明星，入选12次NBA最佳阵容，NBA常规赛MVP获得者，NBA总冠军，来自德国的7英尺前锋，41号德克·诺维茨基……"。此刻聚光灯同时打在这位传奇巨星的身上，全场掌声雷动，高呼"MVP"，真正的对手都是相互尊重的，既是宿敌也是益友。

本场比赛诺维茨基共出场31分钟，这个夜晚"诺天王"尽情地享受着自己的最后一场职业联赛。值得关注的是，第四节临近结束时刻，当诺维茨基弧顶持球，郎

尼·沃克准备协防时，波波维奇教练大喊道："闪开！"诺维茨基使出标志性的动作"金鸡独立"投中了他职业生涯的最后2分，他的职业生涯得分画上了句号，"德国战车"至此熄火。

终场哨声响彻整个球馆，最终比分定格在94-105，虽然独行侠队不敌马刺队，但这场比赛无关胜负，而是对一个历史性球员的最终送别。"诺天王"全场21投8中，三分球6投2中，得到20分10个篮板1助攻1抢断，这一数据也接近他职业生涯的平均数据。

这场比赛的结束，宣告了达拉斯独行侠队一个时代的终结，另外一个时代将由达拉斯队的"后生"东契奇开启。东契奇赛前宣布左大腿挫伤将不会出战对阵马刺队的比赛，当看到诺维茨基退场时得到了圣安东尼奥马刺队球迷的起立鼓掌时，东契奇感受到这份荣耀，他对"诺天王"21年来"一人一城"的坚守发出了由衷的敬意。而东契奇接过前辈的火炬继续传递着，也正如库班对诺维茨基所说："我承诺你交给我们的，我们都会传承下去。"

4

最佳新秀

达拉斯的球迷告别诺维茨基不久，便迎来了冲淡悲伤的好消息。他们新的领袖东契奇，以毫无悬念的姿态斩获最佳新秀。他的竞争者甚至没有一丁点儿击败他的可能。统治最佳新秀投票的表现，是对他传奇新秀赛季的最好褒奖。

2018—2019年赛季NBA颁奖典礼前夜，独行侠队老板马克·库班在接受采访时表示："我和东契奇都有点紧张，我希望东契奇能夺得今年的最佳新秀奖。"生活的美妙就在于故事的结局往往都是你所期盼的那样。

在2018—2019赛季NBA颁奖典礼上，当RJ·巴雷特念出卢卡·东契奇的名字时，库班和东契奇那颗摇曳的心也终于落下。来自斯洛文尼亚的卢卡·东契奇成为2018-2019赛季NBA最佳新秀，他也成了NBA历史上第四位在美国以外出生的最佳新秀，另外三位分别是帕特里克·尤因、蒂姆·邓肯和保罗·加索尔。不仅如此，东契奇也成为达拉斯独行侠队历史上继杰森·基德之后的第一位最佳新秀。

颁奖礼上，响起无数人的欢呼声、掌声。而我们的主角卢卡·东契奇淡定起身，先是亲吻了自己青梅竹马的女友，随后又与自己的母亲、亲友

一一相拥。在与独行侠队主帅卡莱尔拥抱致意后，东契奇特意找到坐在不远处的特雷·杨——两位注定会成为整个职业生涯相互"纠缠不清"的对手——击掌相拥。随后略显青涩的东契奇儒雅淡定地走上舞台，接受全场所有人的祝福。

事实上，东契奇的内心并不如表现的那么淡定，要知道2018-2019赛季的最佳新秀之争可谓是群雄并起。入选最佳新秀名单的分别是当届状元、效力于菲尼克斯太阳队的德安德烈·艾顿，还有和东契奇互换东家的第五顺位、效力于亚特兰大老鹰队的特雷·杨。作为当届探花秀，面对同样出色的新人，东契奇的压力可想而知。也正如获奖后东契奇说的一样，不只特雷·杨、德安德烈·艾顿，这一届新秀都太出色了。

2018-2019赛季后半段，特雷·杨异军突起。赛季出战81场，场均出场30.9分钟，贡献19.1分、3.7个篮板、8.1次助攻。这样优秀的表现如果放在往届，绝对是最佳新秀的热门人选。可惜的是当他需要与东契奇正面交锋时，"惨败"实际上毫无悬念。

卢卡·东契奇总共拿到了100张第一选票中的98张，剩下的2张属于特雷·杨。东契奇用近乎碾压的方式赢得了2018-2019赛季的最佳新秀，而纵观整个2018-2019赛季，东契奇当选最佳新秀也是实至名归。

2018年12月9日，在面对MVP詹姆斯·哈登时毫无惧色，凭借一己之力，比赛最后三分钟连得11分，帮助达拉斯独行侠队以107-104战胜休斯敦火箭队，他也成为除斯蒂芬·库里、路易斯·威廉姆斯、詹姆斯·哈登外，在该赛季能够独自打出11-0的小高潮的球员。

在2018年12月21日对阵洛杉矶快船队的比赛中，东契奇得到32分、4个篮板、5次助攻、4次抢断，成为自2003年的勒布朗·詹姆斯后，首位在单场比赛中得到这一数据的青少年球员（13-19岁）。

　　不仅如此，该赛季东契奇成为NBA历史上第二年轻的"三双先生"（19岁零327天），仅次于当时费城76人队后卫马克尔·富尔茨（19岁零317天）。

　　更重要的是，在2019年1月28日，卢卡·东契奇迎来在NBA生涯属于自己的印记，他在对阵多伦多猛龙队的比赛中，拿下35分、12个篮板、10次助攻的大号三双数据，成为NBA历史上首位砍下至少30分并获得三双的20岁以下球员，而且也成为NBA历史上第7位在新秀赛季砍下35分的同时又完成三双的球员。

　　凭借近乎完美的表现，东契奇包揽了整个赛季全部的西部月最佳新秀。这位年轻人让所有人看到了出色甚至伟大的球员的身影，甚至许多名宿、媒体和球迷认为他就是下一个勒布朗·詹姆斯。渐渐地，越来越多的人把东契奇与勒布朗·詹姆斯做对比，而东契奇新秀赛季的出色表现也像极了自己的偶像。

　　在东契奇职业生涯的前28场比赛，他的数据为514分、187个篮板、137次助攻。这一数据也让他成为自1983年以来第二位在生涯前28场比赛得到至少500分、150个篮板、100次助攻的球员，而上一位拿下此成就的便是2003年的"小皇帝"勒布朗·詹姆斯。那年詹姆斯在其NBA生涯的前28场比赛中共拿到541分、169个篮板、169次助攻。

　　无论是在比赛场上，还是在数据上，东契奇都不输当年的詹姆斯，甚至东契奇在得分、篮板、助攻、投篮命中率以及三分球命中率等数据上均强于新秀赛季的詹姆斯。新秀赛季常规赛的詹姆斯场均能够砍下20.9分、5.5个篮板、5.9次助攻、1.6次抢断、0.7次盖帽以及3.5次失误，投篮命中率到达41.7%，三分命中率仅有29.0%，罚球命中率到达75.4%。而东契奇能够获得场均21.2分、7.8个篮板、6.0次助攻、1.07次抢断、0.35次盖帽、3.43次失误，投篮命中率为42.7%，三分命中率到达32.7%，罚球命中率也有71.3%。

对于能和自己的偶像比较，东契奇表现得十分谦虚，在一次采访时东契奇坦言："我距离他（勒布朗·詹姆斯）的水准还差很远。我和他还有很大的差距。"

短短一个赛季，我们就见证了一个神奇的东契奇。面对勇士队，东契奇凭借着初生牛犊不怕虎的勇气与卫冕冠军拼至最后时刻，依靠罚球赢得比赛；面对MVP哈登，东契奇"以彼之道，还施彼身"，用詹姆斯·哈登的方式战胜火箭队。面对希腊怪物字母哥，19岁零327天的东契奇用自己生涯的第一个三双征服了整个NBA的球迷。谦谦君子，温润如玉。从欧洲新王到NBA的最佳新秀，东契奇的达拉斯奇妙之旅才刚刚开始。

20年前，德克·诺维斯基来到达拉斯，为当时的小牛队带来了第一座NBA总冠军奖杯和一份不朽的图腾；20年后，达拉斯送别诺维斯基，迎来东契奇。达拉斯队史上最伟大的外籍球员，将火炬传递给了东契奇。

东契奇的传奇新秀赛季，也让他成为达拉斯独行侠队全新的招牌。这种冥冥中的传承让人神往，这种偶然中的必然则让人期待。接过达拉斯独行侠队前进火炬的东契奇，将用他自己的方式书写了一段新的传奇。

以完美的个人数据和遗憾的球队战绩，结束自己的新秀年，东契奇断然不会满足于最佳新秀的头衔。天生就是赢家的欧洲"金童"，显然想要赢得更多比赛，在更大的舞台上证明自己。而这一切都需要东契奇付出更大的努力，让自己向着巨星的行列迈进。

第五章

新征程
巨星到来

1.

双星起航

在东契奇几乎拿遍欧洲所有荣誉而准备登陆NBA以前，联盟"最强欧洲新星"的名号，尚且属于一个身高7尺3寸（2米21）的大个子——克里斯普塔斯·波尔津吉斯。

2015年首轮第4顺位，波尔津吉斯被纽约尼克斯队选中，以期带领这支老牌豪门走向复兴。为尼克斯队征战的3年间，波尔津吉斯如期打出场均18分、7个篮板的表现，也因此得到"波神"的美誉，并且入选全明星。但是2018年2月7日，波尔津吉斯遭遇左膝前交叉韧带撕裂，直接赛季

报销。而这一次严重的膝盖伤势仿佛给波尔津吉斯套上一层诅咒，之后的两三年时间，他的双腿一共遭受了20多次大大小小的伤势。

　　加之纽约尼克斯队战绩糟糕，波尔津吉斯在2019年1月底做出一个重要的决定——他告知尼克斯队，自己想要被交易。而在2月1日，纽约尼克斯队宣布将波尔津吉斯、小蒂姆·哈达威、考特尼·李和特雷·伯克送到达拉斯独行侠队，得到了二年级新秀丹尼斯·史密斯、韦斯利·马修斯、德安德烈·乔丹和2021、2023年的两个首轮签。就这样东契奇迎来一个全新的搭档，但由于伤病原因，直到2019-2020赛季，两人的搭档才正式亮相。

　　东契奇和波尔津吉斯早在西班牙就认识了，两人同在西甲联赛，东契奇出道于皇家马德里队，波尔津吉斯则在塞维利亚队效力。私下交流时，他们发现两人的穿衣风格迥然不同——波尔津吉斯喜欢板正的西装，东契奇则偏爱牛仔裤，但他们的秉性和习惯都十分契合。于是，欧洲赛场上并

驾齐驱的天才少年，很快成为竞争对手，同时也是不错的朋友。

比东契奇年长4岁的波尔津吉斯，很容易在东契奇的身上找到自己的影子。比如两人的出身都是欧洲小国，东契奇来自斯洛文尼亚，波尔津吉斯则来自拉脱维亚。随着波尔津吉斯也被从纽约交易到了达拉斯，两人在大洋彼岸"老乡见老乡"，并且最终在同一支球队成功联手，不由得让人感叹这真是美满的缘分。

东契奇在自己的新秀赛季打得风生水起，交出场均21.2分7.8篮板6助攻的成绩单，他身上的明星气质实在太过耀眼。组织串联和得分，东契奇能在进攻端无所不能。不过，由于球队的另一员大将波尔津吉斯整个赛季都在养伤，独行侠队并没能杀进季后赛。

时间转眼来到2019年10月10日，独行侠队用一场对阵底特律活塞队的季前赛，开启了崭新的2019-2020赛季。虽说是一场季前比赛，这场比赛本身却意义非凡，因为这不仅是波尔津吉斯时隔一年半后再度回归赛场，也是他为独行侠队出战的赛场首秀，以及他和东契奇联手的第一场比赛。欧洲双子星威力如何，将会在比赛中初见端倪。

最终，人们对于这对组合的评价，大多是"嗯！未来可期"。尽管

双子星

"嗯！未来可期"

独行侠队以117-124告负，波尔津吉斯和东契奇却展现出了美妙的化学反应。波尔津吉斯19分钟内18中7，砍下18分、7个篮板，东契奇则用28分钟得到21分、8个篮板、5次助攻。两人一内一外，既是双核驱动，又能制霸攻防。

最重要的是，你可以每时每刻都看到东契奇和波尔津吉斯是在享受合作的。波尔津吉斯说自己和东契奇打球感到很轻松："他总能快速地找到我，他用进攻牵制住了防守人的精力，我期待和他一起前进。"东契奇则更是对自己的搭档不吝称赞："伙计，我觉得波尔津吉斯的表现真的不可思议，他真的很出色。不过我们都挺长时间没打球了，还需要适应跟磨合，不过无论怎样都好，和他联手的感觉太棒了。"

半个月之后，新赛季常规赛正式拉开大幕。2019年10月24日，揭幕战对阵实力不弱的华盛顿奇才队，东契奇和波尔津吉斯联袂出战，正式上演欧洲双子星在独行侠队的首秀。最终，独行侠队108-100战胜对手，如期取得开门红。

开场后，仿佛在欢迎搭档的到来，东契奇一上来就气势如虹连得4分。而经历了短暂的适应之后，波尔津吉斯也找到了自己的投篮手感，在首节末段里突外投连得9分。接下来的比赛，人们看到了独行侠队主帅卡莱尔专门为双核设计的战术打法，独行侠队的进攻被东契奇梳理得井然有序，防守端波尔津吉斯则长臂挥舞，展现了出色的护框效率。

最后三分钟，来到了决定胜负的关键时刻。所谓核心，便是具有紧要关头接管比赛能力的领导者。而东契奇和波尔津吉斯，恰恰都是天生的领袖。领先优势被追至7分时，两人贡献了一次非常精彩的连线——东契奇的传球仙人指路般精准，波尔津吉斯则恰到时机地出现在空中，将球狠狠地灌进了篮筐。这记空接，既为两人的联袂首秀画上了圆满的句号，也彻底浇灭了奇才队反扑的希望。

赛后，波尔津吉斯面对着媒体谈起了自己的首秀表现。"第一场比赛，对于缺战许久的我来说，我觉得自己打得还行，但还在找状态，我要努力达到自己的最佳状态。不过，还是为球队今晚的比赛开心，因为我们赢下了比赛，这是最重要的。"东契奇则延续着对于搭档的"吹捧"说道："'白金独角兽'太棒了！无与伦比！"惹得一旁的波尔津吉斯哈哈大笑。

东契奇34分9篮板，是球队获胜当之无愧的最大功臣。再看看波尔津吉斯的数据栏，23分4篮板3助攻，以复出首战的要求来说也相当不错。可能对于大个子球员来说，美中不足的便是篮板球这项数据差了一些。所以除了赢球的欣喜和迎来强力搭档的开心，波尔津吉斯或许还会偶尔叹两口气，嘀咕两句，心想以后自己的数据恐怕是要略微下降喽。

"唉，这小胖子哪儿都挺好，咋就是这么积极呢。本来属于我的篮板球都被他给捞走了！"

2

挑战詹皇

2019-2020赛季揭幕战仅仅过去一周，东契奇即将迎来他人生中第四次和偶像勒布朗·詹姆斯交手的机会。

犹记得那是2018年11月，初来乍到的菜鸟东契奇，第一次和洛杉矶湖人队站在同一片球场上竞技。彼时，詹姆斯刚于2018年夏天加盟湖人队，来到狂野大西部。因此，东契奇十分幸运地能够在常规赛里，一个赛季碰到詹姆斯三次。

偶像的影响有多深刻呢？纵然自己已经被视作联盟的未来之星，享受着无数追光灯的照耀，可每次谈到偶像的时候，东契奇都会像个追星的小迷弟一般，眼中闪烁着兴奋的光芒，

"勒布朗·詹姆斯是我童年时期就一直追逐的偶像，我也很庆幸自己能在跟他的比赛过后拿到他的签名球衣。这对我来说太特别了，我一直以来都希望得到一件他签名的球衣。而且，从我打篮球以来，我一直都期待在比赛里与詹姆斯对决。"

事实上，在与偶像第一次面对面交手的那个夜晚，19岁的斯洛文尼亚小胖不仅得到了梦寐以求的签名球衣，也得到了偶像的鼓励。"Strive For Greatness（力求伟大）"，这是詹姆斯在球衣上写下的寄语。尽管东契奇只得到了14分，但詹姆斯依旧相信眼前的小老弟总有一天能够像自己一样，成长为联盟最顶尖的存在。

东契奇的菜鸟赛季，两客场一主场共三次迎战湖人队，全部落败，得分分别是14分、6分、27分。前两战毫无疑问，东契奇在斯台普斯中心碰了一鼻子灰，然而他在第三战中，已经显露出自己的才华。无奈常规赛交手次数已尽，东契奇只能等到下一个赛季再来战过。球迷时常爱调侃那个男人说他老了，可33岁的詹姆斯，依旧在"联盟第一人"的王座上坐得很稳。

　　而东契奇，不过才刚刚来到NBA罢了，小胖未来还有大把的时间证明自己：既向偶像保证自己不会辜负他的期待，也向大家证明自己有实力成长为联盟未来的巨星，甚至是接过那至高无上的"王座"的传承。

　　视线拉回眼前，2019年11月2日，独行侠队在常规赛第5轮主场迎战洛杉矶湖人队。晚上八点，达拉斯美国航空中心球馆座无虚席。如果放在以前，你可能会说勒布朗·詹姆斯就是票房的保障，可这种说法至少对于本场比赛而言并不绝对。大多数达拉斯独行侠队的球迷们，更愿意为他们的球队新核东契奇而来。

　　赛前的寒暄依然热情，但到了比赛中，一切都回归到了针尖对麦芒的气氛。独行侠队面对的是上赛季自己难求一胜的老对手，他们没有理由不去为一场胜利拼命。而对东契奇来说，他更想通过一场胜利，以及一场精彩的个人表演，来让偶像对自己刮目相看。因此，和詹姆斯的一脸轻松形成鲜明对比，东契奇始终表情肃然。

　　0-3的战绩在先，这将是他第四次向王座上的男人发起挑战，东契奇能够如愿以偿吗？

　　偶像和迷弟的对决，从比赛的第一秒开始，从未停息。不过，两人虽说是各自球队3号位的不二人选，直接对话的回合却不多，因为主教练不会让自己的王牌在防守端消耗过多的精力。东契奇常常会受到老牌3D（精通3分球和防守Defense）球员"铁林"丹尼·格林的贴防，"铁林"是圣安东尼奥马刺队夺冠时期的外线防守大闸；詹姆斯对上的则是绰号"电风扇"的芬尼·史密斯。芬尼·史密斯身体素质好，既善于抢篮板，又可以防守多个位置，故用"电风扇"来形容其宽广的防守区域。

　　跳球之后，詹姆斯将球控在手中。在弧顶等队友跑战术时，詹姆斯洞察到独行侠队的防守漏洞，果断用一记空接喂给"浓眉"安东尼·戴维

斯，球到人到，扣篮得手。开场就用"詹眉连线"给了独行侠队一个下马威，老詹拍了拍胸脯似乎在说，"太轻而易举了"。

可接下来的剧情令人惊讶……没人想到，对飙来得如此之早，抑或说东契奇使用了意想不到的方式来对詹姆斯还以颜色。我们知道两军对垒，主将打头阵乃兵家策略，成则起势，败则颓势。于是，当持球推进的东契奇来到湖人的防守区域时，所有人都看出来了："这小子是想回应詹姆斯一个。"只见东契奇作势要了一个挡拆，却突然在人缝之中送出一记空接找到了鲍威尔——完美复刻了詹姆斯上一回合的传球，无论是姿势还是角度，几乎一模一样。

这是致敬偶像吗？这是"挑衅"前辈吗？解说席传来了阵阵惊呼声。单单一个球固然无法引起这样的过度解读，但在当时特定的情形下，你还是能够感受到东契奇此举的不言之言："听着，王座上的男人，你能做到的我也能。我要向你发起挑战！"詹姆斯显然领会到此意，久经风浪的他虽然面无表情，行动上却已经打起了十分精神。

于是，观众们开始享受起詹姆斯和东契奇联手奉上的篮球盛宴。这边，东契奇快慢节奏摇摆不定，从斜刺里杀入油漆区，迎着贾维尔·麦基的大长胳膊，右手抛投打板入网；那边，詹姆斯用强壮的身体开路，坦克式冲锋碾着芬尼·史密斯上篮打进。东契奇的速度并不快，胜在控运的节奏令人难以捉摸，或撤步远投，或突破分球助攻队友，将球队的进攻梳理得井井有条。詹姆斯的风格则一如既往的霸道，单是强劲的突破，便让独行侠队无计可施。

时间转眼来到第二节末，东契奇运球过半场，来到了45度角的位置。

只见他特意要了个挡拆，湖人队选择换防，而来到东契奇面前的，正是詹姆斯。少年，和自己的偶像来一次单独对决吧！东契奇收球，后撤步，三分出手。詹姆斯的干扰收效甚微，三分球划过一记美妙的弧线，坠入网窝。

"你看！天才少年的后撤步三分！"随着解说员的声音划破球馆上空，所有观众的热情都被这一记精彩进球所点燃，全体起立送上了热烈的掌声。半场战罢，独行侠队58-46领先湖人队，带着12分的领先优势回到了更衣室。

看上去，东契奇向王座上的男人发起的挑战，好像就要成功了。不过，东契奇紧锁的眉头一直没有展开，事情或许并没有那么容易。

詹姆斯的球迷一定知道，每逢季后赛，火力全开的詹姆斯会得到"全力詹"的美誉，意思是到了关键时刻，詹姆斯便会开启全部功率，竞技状态随着比赛的重要程度而提升。尽管同独行侠队这场只是一场普通的常规赛，可看到对面站着的是意欲跟自己比拼的东契奇，詹姆斯还是显示出了自己开启"全力詹"模式时的强大。

下半场回来，湖人队在詹姆斯的统领下迅速打出一波12-3的高潮，将分差迫近。其中在一次直面东契奇的回合中，经验老道的詹姆斯借掩护佯装突破，实则将球拉回体侧，回应一记撤步三分球。东契奇吃晃之后一个趔趄，只能目送着篮球空心入网。

第三节还有2分11秒时，东契奇摘下篮板，达成了21分10篮板10助攻的"三双"。但年轻的东契奇在面对"詹皇"时，领袖气质还是略输一筹，东契奇对于独行侠队的帮助可以用"锦上添花"来形容，詹姆斯则在用一己之力扛着球队前进。如人们所见，第四节当比分来到94-94平时，詹姆斯先是在后场保护下篮板球，然后一条龙快下，左手护球，碾压着可怜的芬尼·史密斯冲入篮下，挂框暴扣。

时间一秒一秒地流逝，很快就来到了分分必争的决胜时刻。东契奇突破了安东尼·戴维斯的封锁，抓准时机分球给底角当了整场背景板的芬尼·史密斯，"电风扇"终于不负众望，把握住了这次空位三分。

独行侠队依然有取胜的机会。即使东契奇在比赛的后半段发挥不算亮眼，直到整场比赛只剩6秒时，独行侠队仍领先湖人队3分。结果，强行为湖人队"续命"的，还是王座上的男人。同样的持球突破，同样的分球底角，詹姆斯复刻了东契奇之前的操作。眼见接球的丹尼·格林晃飞扑防的赛斯·库里，三分绝平，将比赛拖入加时。

打完常规时间的东契奇，轻轻摇了摇头，眼中尽是不甘。他或许知道，这将是一个落败的夜晚，因为双方的气势此消彼长，而自己根本没有把握赢下加时。

加时赛，东契奇除了一记超远三分外，没有更多亮眼的表现，反倒是被偶像好好"教育"了一番。碰上东契奇的时候，詹姆斯选择将自己的优势发挥到极致，低位背打东契奇——一步，两步，詹姆斯拱得太轻松了，东契奇完全无法阻挡。即便是好兄弟波尔津吉斯赶来补防，欧洲双子星仍然吃了詹姆斯的假动作，赔上"2+1"。这

一次直接对话，彻底宣告了比赛悬念的终结，湖人队最后以119-110拿下胜利。

赛后，詹姆斯给了东契奇一个大大的拥抱，边抱边笑着骂道："你小子，太厉害了！"享受着偶像安慰的"小胖"，脸上又露出了笑容。虽然没有说话，但估计心里又在琢磨着下次该拿出什么方法对付偶像。

一次无奈的落败，双星闪耀的夜晚。詹姆斯39分、12个篮板、16次助攻，是历史上拿到这个数据的最年长球员；东契奇31分13篮板15助攻，是历史上拿下这个数据的最年轻球员。最终，东契奇第四次败给洛杉矶湖人队，也没能动摇王座上那个男人的位置。然而，人们已经在东契奇身上看到了他无穷的潜力，以及无限的希望。

3

连获最佳

登陆NBA的第二个赛季，2019年末到2020年中段，东契奇开始收获一系列荣誉。经历了菜鸟赛季的适应期和球队阵容的磨合，东契奇轻松跨过了大多数新秀难以逾越的"新秀墙"，展现出惊人的成长速度。无论是个人层面上，于赛季初连续打出三双表现；还是带队方面，率领独行侠队高歌猛进，前二十场比赛结束后稳居西部前四，东契奇都做到了他这个年龄段球员里最出类拔萃的级别。

付出就会得到回报，除了广受联盟教练、球迷和评论员的赞誉，二年级的东契奇接连斩获NBA官方颁布的阶段性荣誉：西部周最佳和月最佳。2019年11月，东契奇的状态似乎无可阻挡，他先是凭借场均37分、8.5个篮板、11.8次助攻和4胜0负的战绩，拿到11月第4周周最佳球员称号，又综合11月整体场均30.6分、9.9个篮板和9.6次助攻的表现，拿到了10月&11月（由于10月下旬新赛季才开始，归到11月统一计算）月最佳球员的荣誉。

对看球时间长的球迷来说，"牛马大战"向来为人津津乐道。有人将其和黄绿大战（洛杉矶湖人队VS波士顿凯尔特人队）、骑勇大战（克利夫兰骑士队VS金州勇士队）并称"21世纪NBA经典三大对决"。那时候，达拉斯独行侠队还没有更改队名，达拉斯小牛队和圣安东尼奥马刺队的交手，"德国战车"德克·诺维茨基跟"GDP组合"马努·吉诺比利、蒂姆·邓肯和托尼·帕克的神仙打架，常常令人回味无穷。

然而到了2016年，随着邓肯的退役以及诺维茨基、吉诺比利和帕克渐渐为年轻人让贤，往日"牛马大战"的星味越来越淡。独行侠队和马刺队双双进入重建阶段，球迷开始等待着新星出现，"牛马大战"的传统尚

在，却由于比赛乏善可陈而始终少了几分兴奋。直到2019-2020赛季，历经了漫长等候的球迷，终于迎来了看头——一切都在于那个冉冉升起的西部"牛仔"卢卡·东契奇。

2019年11月19日，独行侠队在主场迎来马刺队的挑战，新"牛仔"东契奇联手波尔津吉斯大战老将阿尔德里奇和德罗赞。东契奇开场就手感滚烫，即使三分球并非绝对杀器，东契奇在首节便6投5中拿到17分，连飙4记三分球。中场休息时被问到自己首节17分的表现，东契奇边笑边摇头晃脑，看得出来自己也是特别兴奋。"我之前说我第一节能拿16分，结果拿到了17分，真是美妙的开局。"

经过一整场的鏖战，到了比赛最后一分钟，东契奇已经拿到了39分11篮板11助攻的三双，并且率领独行侠队领先着马刺队。接下来在即将决定胜负的关键时刻，东契奇果断选择了单打，他以一记写意的后撤步三分，

宣告了马刺队追分无望。锁定胜局以后，他仍然认真对待着最后一个回合，不遗余力地拼抢地板球。运气加成之下，东契奇抢下了球，随即送出个人的第12次助攻，将个人数据定格在42分11篮板12助攻，率队117–110赢下"牛马大战"。

一大批记者蜂拥而至，聚光灯全部打在东契奇的身上。只见东契奇的脸上藏不住胜利的喜悦，他先是称赞了对手："马刺队有许多出色的球员，可以命中投篮，也可以做许多其他事情。你们知道他们无论怎样都可以得分。"然后，在被问到比赛感觉有何不同时，东契奇坦言感觉"很特别，宿敌对决，我们总是想要赢下来"，并且毫不吝惜对于队友芬尼·史密斯的夸奖，"我只说一个词，多里安·芬尼·史密斯，就是这样"。芬尼·史密斯在这场比赛中状态爆棚，远投、篮板、抢断无所不能，成为东契奇的得力帮手。

在盛行马术的欧美国家，马刺指的是一种较短的尖状物或者带刺的轮，通常连在骑马者的靴后跟上，用来刺激马儿快跑。2019–2020赛季常规赛第14轮，达拉斯年轻的"牛仔"们，真的将来访的"马刺"踩在了脚下。在这一众英姿勃发的年轻牛仔里，又属爆砍42分三双的东契奇最为耀眼。

就在战胜马刺队的这一周，东契奇在强人如林的西部力压常规赛MVP候选勒布朗·詹姆斯、詹姆斯·哈登和强势复苏的卡梅隆·安东尼，得到NBA颁布的11月第4周周最佳称号。NBA官方寄语如下：

"东契奇在过去一周带领独行侠队拿到4胜0负的好成绩，场均得到37分、8.5个篮板和11.8次助攻，有55.4%的投篮命中率、44.4%的三分球命中率和78.8%的罚球命中率。独行侠队先后战胜了马刺队、勇士队和骑士队等。四场比赛中东契奇都送出至少30分和10次助攻的表现，他成为NBA历

史上最年轻的连续4场拿到30+10表现的球员，他以20岁269天的年龄超越了奥斯卡·罗伯特森（22岁34天）。在所有4场比赛中，他都是场上的得分王和助攻王。

"东契奇成为自2016年的巴里亚后第一位当选周最佳的独行侠队球员，他也是队史上第13位获此奖项的球员，加入到文森特、阿奎尔、塔普雷、马什本、基德、芬利、纳什、诺维茨基、特里、约什·霍华德、艾利斯和巴里亚的行列。"

不仅如此，东契奇还在过去的这一周里屡次创造纪录。117-110战胜马刺队的比赛中，东契奇得到了自己生涯新高的42分，还有11个篮板和12次助攻，成为NBA历史上最年轻的40分+三双球员（20岁263天）。接着在与勇士队的比赛中，他又在出场时间低于26分钟的情况下拿到了35分+三双，这是历史上拿到35分+三双所用的最短时间。

听闻东契奇拿到了西部周最佳以后，独行侠队主帅卡莱尔评价弟子："卢卡当选了周最佳？是的，我为他感到高兴。他当之无愧。"

纵观10月和11月，东契奇带领着独行侠队打出了13胜6负的开局，场均得到30.6分、9.9个篮板、9.6次助攻，同时他仅仅在18场比赛中就获得了7次三双，这项成就冠绝联盟。在东契奇的身上，降下一连串能够和伟大的前辈们联系起来的熠熠生辉的纪录——东契奇不仅成了继2009年4月的德克·诺维茨基之后第一位成为月最佳球员的独行侠队球员，也成了自2001-2002赛季月最佳球员分成东西部以来最年轻的西部月最佳球员。

东部的月最佳球员，给到了密尔沃基雄鹿队的新王"字母哥"扬尼斯·阿德托昆博。阿德托昆博和东契奇的成长经历不太一样，东契奇登陆NBA便是选秀大热门，又打出了"天之骄子"的表现，阿德托昆博则在选秀时并不起眼，完全靠后来的训练和拼搏一步一步成了雄鹿的王牌。然而可以确定的是，两人都将在未来成长为联盟的超级巨星，甚至是统治联盟。两人的当选同样值得一提，因为这是NBA历史上的第一次，两位来自欧洲的球员在同一个月成为最佳球员。

"很特别，我感觉太棒了，你知道的，球队祝贺了我，我很开心当选，我有很棒的队友们，还有教练，如果没有他们，我是不可能做到的。"拿到月最佳奖杯时，东契奇刚好在健身房挥汗如雨。他面对着镜头侃侃而谈，说自己还要继续努力。

言必行，行必果。就在公布月最佳的当晚，2019年12月4日，独行侠队前往了客场挑战新奥尔良鹈鹕队。东契奇全场仅出战28分钟就拿到33分、18个篮板、5次助攻的豪华数据，18个篮板创下了自己的生涯新高。同时，东契奇连续四场比赛得到30+，成为史上第二年轻拿到这一数据的球员，仅次于凯文·杜兰特。"小胖"还连续16场砍下20+分、5+个篮板和5+次助攻，在NBA历史上并列排在第三位，仅次于"篮球之神"迈克尔·乔丹（1988–1989赛季，连续18场）和"威少"拉塞尔·威斯布鲁克（2014–2015赛季，连续17场）。

最终，东契奇带领独行侠队118–97大胜鹈鹕，取得了客场三连胜。带队赢球，打破纪录，东契奇正在自己的二年级进入到了一个疯狂的竞技状态之中，而这无疑是一条通往成功的正确方向。

4

牛仔复仇

　　2019年的11月底到12月初，达拉斯独行侠队迎来他们2019-2020赛季第二个"三连客"。相比于上一次"三连客"，这一次旅途不再像之前从西部飞往东部的奔波，但挑战难度却跨越一个等级。菲尼克斯太阳队、洛杉矶湖人队和新奥尔良鹈鹕队，这三支球队各自都有不同的状元秀球员，特别是紫金军团的强势崛起，更是独行侠队一道难以逾越的"大山"。

　　美国当地时间11月29日，东契奇跟随球队的班机从达拉斯飞抵凤凰城，在之前经历了一场15分的惨败之后，独行侠队急需一场胜利来打开他们"三连客"这道大门，因为一旦

连败开始，前面积攒下的五连胜势头将很快被败局所冲破。加上自从2015年10月28日之后，达拉斯人从未在太阳队主场赢过球，仿佛这块球场成了独行侠队的"梦魇"。东契奇作为球队领袖，一马当先承担起球队攻防重任，在与男篮世界杯MVP得主里基·卢比奥的对位中，斯洛文尼亚人丝毫不输西班牙"金童"。尽管全场三分线外11次出手只命中3球，但东契奇凭借着强有力的杀伤，18次站上罚球线，将太阳队的禁区杀得片甲不留。

　　42分、11次助攻、9个篮板，东契奇个人数据压制卢比奥，在NBA赛场上为斯洛文尼亚后卫赢得了一场证明战。与此同时，东契奇还率队以7分的优势拿下比赛，用一场胜利为整个11月画上了一个圆满的句号。"这只是一场比赛，在这之前我们输掉了（与快船队的对决），但是在这场比赛中我们不能再去考虑太多之前发生的事。"

　　赢下胜利为"三连客"取下开门红，11月的东契奇成为"当红辣子鸡"，这个月的14场比赛他场均贡献32.4分、10.3个篮板和10.4次助攻，月场均30+的三双数据，在历史上也仅有奥斯卡·罗伯特森和拉塞尔·威斯布鲁克有过如此惊艳的表现。如今东契奇也正式加入这一行列，主帅卡莱尔这样称赞道："他（卢卡）是一个非常棒的球员，出色的运动员在艰难的比赛之后总会很快忘乎所以，然后他们都会继续向前迈进，会去想如何进行下一步，包括想着怎么去克服新的挑战。"

正如卡莱尔主帅所说，东契奇还没有享受自己11月的赫赫战功，就紧随着包机从菲尼克斯起身赶往了下一战场，等待他的正是此前从未赢过的对手——洛杉矶湖人队。在两队这一次交手之前，湖人队更是打出了一波10连胜，一扫上个赛季未能晋级季后赛的阴霾。本赛季两队第一次交手时，独行侠队与湖人队激战到加时最终以9分落败，赛后勒布朗·詹姆斯在与东契奇交谈时送给了他一句话："你真是个狠角色。"

17胜2负的紫金军团，打出了这个赛季联盟最出色的开局。洛杉矶当地的球迷一听说东契奇要来"踢擂"，斯台普斯球馆外早早就排起了长龙，毕竟这个二年级新秀在很多时候被人们提及，甚至有人拿他来和湖人队当家球星詹姆斯对比。ESPN记者贾伊·威廉姆斯说道："我已经不止一次说过，东契奇就是身体弱一点、技术更强一点的20岁詹姆斯。"

从跳球那一刻开始，人们把注意力都放在了东契奇和詹姆斯身上，尽管两人在各自球队的位置并不相同，但特地买票来看这场比赛的球迷都迫不及待地想要看到一代新星和一代元老之间的PK。上半场东契奇9次运动战出手只命中了2球，他在进攻端并没有发挥出足够威胁，球队为此也陷入了被动局面。不过经过半场调整，从更衣室回到赛场之后，东契奇拨动了"油门"，开始在场上开启"砍分模式"。第三节东契奇一人狂飙16分，他带领独行侠队打出一波28-5的进攻高潮，一举将比分反超，同时也让场

　　边的湖人队主帅弗兰克·沃格尔被迫喊下暂停。在整个独行侠队起势的一节比赛中，东契奇还送出了5次助攻，盘活了全队。第三节进行到中段时，手感火热的东契奇在执行一次发边线球时，遇到了场边的湖人队名宿科比·布莱恩特。看到自己儿时的偶像，东契奇紧忙上前握手示意，也许是科比现场观战带给他的精神鼓舞，东契奇在末节的一次进攻中尽显"唯我独尊"的霸气。

　　比赛最后的5分30秒，成为全场的高潮时刻。东契奇持球面对迎面而上的防守人詹姆斯，这一次他毫不犹疑选择单打，前后胯下运球没有晃过，一个突破假动作结合后撤步三分跳投，在并没有完全甩开防守人的情况下，东契奇在夹缝中艰难地寻到了一个机会出手。篮球从斯台普斯场馆的上空滑翔而过，球的轨迹跟随超高的抛物线坠下，应声入网。前面略显聒噪的球场瞬间鸦雀无声，只见美国前方解说员大声吼道："我的天啊，东契奇在攻防两端简直如有神助，他迎着詹姆斯完成了一记高难度跳投！"此球投进，东契奇为独行侠队在最后5分钟确立了21分领先优势，提前将胜利收入囊中。

此番较量，东契奇并不比之前与太阳队一战时进攻手感火热，由于对手给予高压的防守，逼迫他出现了7次失误。但这些并不足以掩盖东契奇带队复仇成功的局面，27分、10次助攻、9个篮板的准三双数据，东契奇在12月的第一场比赛中就再次展现出自己的全面。加上关键球的处理，以及上、下半场的及时调整，都展现了一位明星级别球员所具备的综合素质。

"之前说实话和他交手我非常紧张，这对我来讲是一次非常特殊的经历，詹姆斯是我从小到大非常崇拜的偶像。当然今天我也非常欣赏他。"东契奇在回忆自己第一次和詹姆斯交手的场景时说道。上一次在斯台普斯和湖人队交手时，东契奇在比赛结束之后甚至到湖人队更衣室门外等候着詹姆斯索要亲笔签名的球衣。

这一战东契奇褪去了以往的稚嫩，无论是赛场上还是赛场之下，他更像是一支球队的球星，关键时刻能够挺身而出带队跋山涉水，公众场合的言论也显露出他的高情商。

成功复仇湖人队，终结了紫金军团的十连胜，东契奇再一次成为全美体坛讨论的焦点人物。这一次人们不仅对他的球技大加赞赏，也对他在这场比赛之外所做的一个善举竖起了大拇指。因为在这场比赛中，东契奇与一位22个月大的斯洛文尼亚男孩相会。东契奇为这位患有罕见肌肉疾病的小球迷筹集到了220多万美元的救治善款，他帮助这位"老乡"在加州大学洛杉矶分校接受治疗。拿下三连客的第二场胜利，拼下一场硬仗之后的东契奇在社交媒体并没有发表任何有关比赛的内容，而是转发了《达拉斯新闻早报》记者布拉德·托恩斯恩德对他伸出援助之手的这篇报道，并配文写道："令我十分开心。"

也许上天也被如此善良的东契奇感动，球场上球风硬朗的他，场下却是一个柔情汉子。或许他能够给予这位22个月大的男孩的帮助是有限的，但东契奇愿用这样一场经典的胜利去开启小球迷一生的健康之路。

2020年，是一个特殊的年份。对于NBA来说也是如此，科比的意外去世、新冠疫情带来的停摆……

而对于二年级新秀东契奇，他也迎来更为惊人的成长。职业生涯第一次参与全明星正赛，打破诸多NBA历史纪录，各种神迹比肩乔丹、詹姆斯等超级巨星。

第六章

屡创纪录

造神迹

1.

特殊的全明星

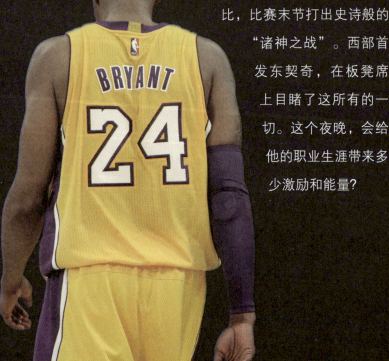

"生命的终点不是死亡，而是遗忘。"这是《寻梦环游记》里一句发人深省的台词，2020年NBA全明星赛很好地诠释了这句话。10名全世界最为顶级的运动员，为了纪念科比，比赛末节打出史诗般的"诸神之战"。西部首发东契奇，在板凳席上目睹了这所有的一切。这个夜晚，会给他的职业生涯带来多少激励和能量？

　　1073957票，这是第一阶段全明星投票结束时，东契奇得到的选票。这个恐怖的数字力压"字母哥"（扬尼斯·阿德托昆博）和詹姆斯，成为第一阶段的"票王"。最终，拿到6111735票的东契奇，遗憾地输给了詹姆斯，无缘"票王"却依旧历史性地入选了全明星正赛首发。

　　独行侠队总经理唐尼·尼尔森看到这一结果后，也震惊地说道："我们做梦都没曾想到这会发生，考虑到他所能做到的一切，他能够让我们所有球员变得更出色。东契奇接过了诺维茨基握了21年的接力棒，而且他达成这样的成就如此迅速。"

　　东契奇的这次首发含金量有多少？二年级即入选全明星，放眼NBA历史一双手便能数得清，直接成为全明星首发更是极为罕见。上一次能够完成如此壮举的，还要追溯到2005年全明星的"小皇帝"詹姆斯。

2005年全明星赛首发名单

东部	西部
勒布朗·詹姆斯	特雷西·麦克格雷迪
阿伦·艾弗森	科比·布莱恩特
文斯·卡特	凯文·加内特
格兰特·希尔	蒂姆·邓肯
沙奎尔·奥尼尔	姚明

在2020年芝加哥全明星赛之前，比东契奇年轻的全明星首发球员仅有8人——科比·布莱恩特、勒布朗·詹姆斯、"魔术师"约翰逊、凯文·加内特、以赛亚·托马斯、凯里·欧文、安东尼·戴维斯和沙奎尔·奥尼尔，这些名字都灿如星辰。

对于东契奇而言，这届全明星赛承载的意义远不止于此。因为科比·布莱恩特的猝然长辞，这届比赛的主题便是纪念这位传奇。早在2019年底，科比·布莱恩特现身斯台普斯观战独行侠队与湖人队的比赛时，这位湖人队名宿便与东契奇开起了玩笑。

彼时他用斯洛文尼亚语成功地引起了东契奇的注意，并在比赛中与其互动。赛后，科比更是脱帽与东契奇合影，科比的二女儿Gigi视东契奇为偶像，科比还亲自为东契奇和自己的女儿拍摄合照。科比和东契奇，两位年龄相差颇大的巨星之间的互动，显得那么熟络和自然。

在这样一届纪念科比的全明星赛上，东契奇如愿成了勒布朗队的首发，两支身披2号和24号（科比女儿以及科比的球衣号码）球衣的球队，将会打出怎样的表现呢？

"在我还是个小孩子的时候，就梦想着有朝一日能够在NBA全明星舞台大放异彩。现在我终于来了，感觉一切都不可思议，或许这可能是我这辈子最想要享受的时光吧。"东契奇在全明星媒体日上说道。

在新秀赛上，他和特雷·杨成为焦点，两人的相视一笑登上了各大媒体的头条。

在芝加哥的联合中心球馆，东契奇打完新秀赛后见到了这里曾经的主人翁——迈克尔·乔丹。"由于太过激动，我做了一件至今都非常后悔的事情，那就是忘记和乔丹来一张自拍合影。"东契奇笑着说道。

然而到了星光熠熠的正赛赛场，刚刚摆脱伤病困扰的东契奇，却并不是主角。一记助攻詹姆斯的长传、一记突破暴扣，是他全场为数不多的亮点。8分4次助攻，东契奇的数据和表现，并不是一名首发应该交出的数据。全场比赛他仅仅出战17分钟，出手6次。

最后一节他坐在板凳席上，见证了可能是NBA历史上最为伟大的全明星第四节。科比·布莱恩特，用他的曼巴精神激励和影响了一代人，他

们中的一些人也站在球场上，在这届特殊的全明星赛中，给曼巴精神带来了最好的诠释。

单节21次犯规、26个罚球、34.7%的投篮命中率、22.7%的三分命中率，这组刺眼的数据，便是芝加哥全明星末节最好的诠释。在撕咬了三节比赛、末节以领先球队分数加上"24分"为得分终点的特殊赛制之下，芝加哥全明星赛末节打出了前无古人的场面。

在这节比赛中，东契奇和特雷·杨这两位年轻的后场被放在了场下，更加老辣的克里斯·保罗和洛瑞代替他们成为各自球队五虎。

年轻人靠边战，老将后卫空场，一场真刀真枪的对决就此到来——可能是联盟中最全面的十名球员，展开了不为名次、不为利益，只决胜负、只是想赢的殊死搏斗。彼时的比赛，好似两个科比·布莱恩特在场上打球，他们寸土不让、他们怒目圆睁、他们狰狞偏执、他们拼到了最后一刻。

在那片赛场上，十个天赋顶级却欠缺默契的运动员，让篮球回归了本质——一对一的攻击和防守、一个回合一个回合的撕咬。

单挑、换防、肉搏、背打、犯规、争吵。直至最后时刻安东尼·戴维斯以罚球完成绝杀，荡气回肠的"决斗"落下帷幕。

157-155，勒布朗队涉险击败了扬尼斯队，莱昂纳德荣获全明星赛MVP。这届比赛为了纪念科比，全明星赛MVP的奖杯被命名为"科比·布莱恩特杯"。

英雄来来回回，但传奇永不落幕。因为科比·布莱恩特的意外离开，这场纪念他的比赛有着"浓浓的科比"的味道，全力以赴便是最好的致敬，拼死一搏便是对热爱最好的诠释。

这样一届极其特殊的全明星赛，东契奇收获的绝不只所谓的纪录，或是8分、4次助攻的处子秀数据。坐在场下目睹了"诸神之战"的东契奇，也必定被赛场上的精神力量所感召。他做好准备成为传奇了吗？

绝杀

单挑、换防、肉搏、肯打、
犯规、争吵

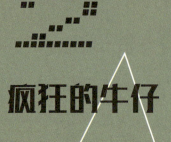

疯狂的牛仔

三月的美国多数片区，还没有完全退去寒意，疫情却悄悄地在世界范围内开始蔓延。很多NBA球员和美国民众一样，对此满不在乎，不仅不采取戴口罩等防护措施，甚至爵士队球员鲁迪·戈贝尔还在一次新闻发布会结束之后，用沾染自己唾液的手触摸了媒体间所有的话筒。

这个疯狂的举动没过多久，NBA便传来噩耗。戈贝尔被检测确诊为新型冠状病毒阳性，这位连续荣获"最佳防守球

员"奖项的法国中锋，一时间阻拦了所有NBA比赛的顺利进行。美国当地时间3月11日，NBA官方正式宣布，联盟进入停赛阶段，何时开赛还需要等待疫情防控的情况再做定论。在NBA联盟宣布这一决定前，东契奇在自己的主场刚刚率领独行侠队以19分的巨大优势战胜来访的丹佛掘金队，拿下28分、9次助攻、6个篮板、2次抢断的他，怎么都没想到这竟成了近几个月以来的最后一战。

　　不过回溯全明星到停摆之前的这11场比赛，东契奇的表现依然可圈可点。虽然是刚刚伤愈归来，但轻伤不下火线的他，还是给球迷们带来了不少惊喜。美国当地时间2月26日，东契奇率队去往圣安东尼奥与同城兄弟马刺队展开一场德比之战，这是他职业生涯第119场比赛，就在这一场看似极为普通的常规赛中，东契奇实现了对前辈贾森·基德的超越。

　　在这个赛季之前，独行侠队在过去17次与马刺队的比赛中，输掉15

场，"牛马大战"中完全处于被动。不过这一战打得极为卖力的东契奇，为独行侠队打出了一场翻身仗，率队在AT&T中心从波波维奇老爷子手中拿到一场胜利，也在这个赛季完成了对马刺队的三连杀。拿到26分、14次助攻和10个篮板的东契奇，当之无愧成为球队获胜的功臣，他也顺利拿到了自己职业生涯的第21次三双，追平队史元老——基德。后者在职业生涯的第500场比赛才达成的这一成就，如今东契奇却只用119场比赛就完成了，着实令人感慨万千。

时隔一周之后，独行侠队在主场迎战新奥尔良鹈鹕队，东契奇与一年级新秀锡安·威廉森的正面对决成为看点。在进攻效率不高的情况下，东契奇很好地串联起队友，并且在与威廉森的一次对位中，他利用标志性后撤步三分撕扯开对方的防守。30分、17个篮板、10次助攻，东契奇拿到职

业生涯的第22个三双，创造独行侠队史三双纪录，他也把未来球队的有关三双纪录推向一个恐怖的数字。与此同时，单赛季14次三双使得东契奇刷新了一项新的队史纪录。

随着停赛的消息被官宣，独行侠队和东契奇停下他们忙碌的征程，进入一段宛若没有尽头的休赛期。主教练里克·卡莱尔嘴上虽然表示支持联盟为了安全而停赛，但毕竟面临即将要冲击的季后赛，从他到每一个球员还是期待着早日复赛。因为自从2016年之后，这支隶属于德州的球队是唯一没有杀入过季后赛的球队，独行侠队也希望早日终结这一尴尬的纪录。

停赛之时，东契奇率领着独行侠队拿到40胜27负的战绩，作为球队绝对核心的他，连连斩获各种历史纪录，成为最佳阵容、最快进步奖甚至最有价值球员的讨论人选。相比于菜鸟赛季，东契奇在停赛之际的场均得分数据上涨了7.5分，场均篮板数从之前的7.8个增加到9.3个，场均助攻数也从之前的6次提高到了8.7次。而在场均触球的数据统计中，东契奇以94.3次排在掘金队中锋约基奇之后，位列全联盟第二。脱胎换骨一般的变化，东契奇开启了自己的2.0时代，同时他也把球队带入新的高度。

有了2.0版的东契奇，独行侠队不再是季后赛边缘的球队，他们也不会再为了争夺乐透而摆烂。一项数据显示，在67场比赛打完之后，独行侠队的进攻效率为每百回合115.8分，比全联盟第二的休斯敦火箭队高出2.4分。其中独行侠队的五名首发球员，有四人的个人进攻效率排在全联盟前十位。依靠着东契奇的组织策动，独行侠队场均41.5次三分线外的出手排在全联盟第二。这种惊人的进攻效率展现出体系的优势，同时也是东契奇良好的带动作用起到的效果。甚至在与掘金队打完停赛前的最后一场比赛后，对方主帅迈克·马龙用了"极为恐怖的进攻"来形容独行侠队，侧面反应出东契奇带给球队在进攻端的变化，已经成为很多球队的威胁。自从

2015-2016赛季之后，独行侠队从未在一个赛季82场比赛里拿下过40场以上的胜利，而在2019-2020赛季有了2.0版的东契奇，他们仅用67场常规赛就实现突破。

一位球星能够打出华丽的数据，依靠统计吸引球迷目光。一位巨星，则是在数据惊人的基础之上，带动球队攀升至新的高度，其施加的正面影响能让更多人受益。显然东契奇在成长中越来越有了巨星相，不仅是他帅气的面容，还有他本身在球场上那种唯我独尊的气质。

面对遥遥无期的停赛，东契奇离家的日子久了自然会想念亲人。在达拉斯当地做了一段时间社区服务后，东契奇随后收拾行囊回到了自己的家乡斯洛文尼亚，在这种危机关头与家人团聚成为很多NBA球员的选择。回到家中的东契奇有了更多时间，漫长的休赛期让他在全明星之前的伤病得到了充分休养。没有了比赛，东契奇又一次拾起平日里酷爱的电子游戏，有时候打到自己身心极度疲惫，倒头直接睡在沙发上。在一次无意间爆照时，留了长胡须的东契奇让很多女粉丝有些伤心，曾经一脸稚嫩的少年因为疫情休假却长成了"中年大叔"的模样。

巨星

不仅是他帅气的面容，

还有他本身在球场上那种唯我独尊的气质。

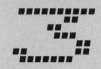

3 超越"魔术师"

NBA各路媒体竞相报道，复赛终于被官方提上日程。美国东部时间6月4日，联盟董事会正式通过了22支球队复赛的提议，将剩余的赛程在当地时间的7月31日重启。其中正在为季后赛奋战的达拉斯独行侠队，早早开始了他们的集训，东契奇也在收到球队汇合的消息后，立刻动身回到了达拉斯。

时隔142天后，东契奇和他的球队重新踏上了NBA的赛场，复赛首战面对休斯敦火箭队，久疏战阵的东契奇依然发挥出彩，贡献28分、13个篮板和10次助攻的三双，只不过他的球队却以4分之差败下阵来。在冲击季后赛的前景上，遭遇到打击。如果不能在复赛后迅速调整球队状态，前面40场胜利又将毁于一旦，东契奇赛后在更衣室里深思着这个问题，他需要做更多努力，带领球队上岸。

两天之后与太阳队的交手，独行侠队在最多领先15分的情况下被对手翻盘逆转，东契奇再次空砍40分、8个篮板、11次助攻，但却在赛后迎来一则喜讯。由于孟菲斯灰熊队输给圣安东尼奥马刺队，独行侠队依靠着停赛之前的战绩优势，提前锁定一个季后赛席位。这也是德克·诺维茨基退役之后，达拉斯人首次获得季后赛资格。复赛开局遭遇两连败，拿到季后赛入场券的东契奇却高兴不起来，因为他心里很是清楚，如果球队糟糕的状

态一直延续下去，季后赛无论碰到任何对手，都会被人宰割。

美国东部时间的8月8日，奥兰多的迪士尼园区成为NBA复赛阶段的中立球场，卢卡·东契奇和他的队友们还像往常一样从球员酒店戴着口罩来到球馆，一一开始训练。季后赛开始前一周的每一场比赛，对于独行侠队来讲都至关重要，因为他们不像对手雄鹿队一样已经坐稳常规赛第一的位置，达拉斯人还需要为更高的排名以及更好的季后赛席位去争取更多的主动权。

从一开局两队的争夺就进入白热化，每一个球权的定夺都可能决定比赛的走势。东契奇与"字母哥"两人的对位，也成了众多守候在屏幕前的球迷迫切期待看到的画面。距离半场结束前6分钟，东契奇弧顶持球面对"字母哥"的防守，左路加速突破到禁区之后，雄鹿队后卫维斯利·马

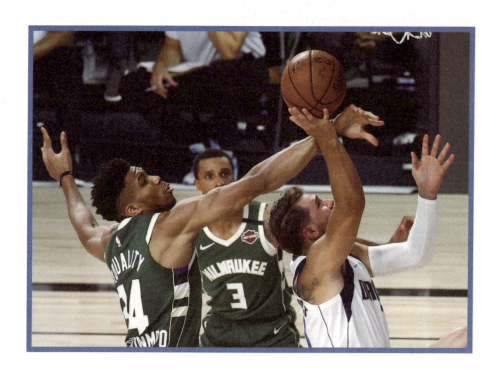

修斯忌惮东契奇的抛投，立刻上前封堵进行协防。不曾想东契奇早有察觉，在"字母哥"和马修斯两人形成包夹的小空隙中，上演了穿针引线的功夫，一个不看人传球送给空切而来的独行侠队友德朗·赖特，后者腾空而起双手炸扣得分。这一个瞬间引爆了独行侠队场边的替补席，东契奇与"字母哥"的对位也逐渐有了针尖对麦芒的味道。"字母哥"也在之后的比赛中，尽力去依靠个人表现为球队争取更多主动，但在一次罚球过程中的三不沾却成为笑柄。随着东契奇在常规时间最后21秒的两罚全中，比赛被拖入了加时。

加时赛中，在还剩1分08秒时东契奇又一次碰上了"字母哥"的单兵防守。这一次遇到挡拆之后东契奇还不等雄鹿队的包夹策略实施，就用了一个胯下击地传球助攻独行侠队友克莱伯完成飞身暴扣。东契奇完成这次助攻后，独行侠队134-128领先对手6分，而克莱伯在接到这个秒传后不仅将球扣入篮筐，还制造了防守球员米德尔顿的犯规，赢得了打2+1的机会。"我真的不知道当时自己在想什么，我就是那么把球传过去了，在这之前真的没有任何准备，就是那一瞬间完成了这个传球。"东契奇在赛后回忆那个胯下传球时说道。

相比于这一战场上的一些精彩瞬间，东契奇的表现更令人印象至深的当属他这一晚贡献的数据。36分、14个篮板、19次助攻（职业生涯新高），这是他在2019-2020赛季第三次拿到30+的三双数据，成为NBA历史上第三位达成此成就的球员。单场19次助攻的数据统计，东契奇也追平了勒布朗·詹姆斯保持的当赛季单场助攻新高。凭借这一战东契奇提前锁定了赛季的"三双王"，更为重要的是，这位斯洛文尼亚小伙超越了NBA历史上一位前辈，成就了又一番令人钦羡的事业。

1980-1981赛季在洛杉矶湖人队效力的"魔术师"约翰逊，打完当个

赛季的所有常规赛后，职业生涯首次成为联盟的"三双王"。当时"魔术师"的年龄为21岁，距离自己的22岁生日还差138天。然而东契奇在成功拿到职业生涯的首个"三双王"荣誉时，他的年龄只有21岁162天，距离22岁还差205天。打破尘封39年的纪录，东契奇的横空出世很快震惊了整个NBA，甚至美国ESPN等各大体育栏目，都将他和"魔术师"做对比的话题列在头版。

"卢卡已经不仅仅是一个篮球运动员了，我感觉他更像是一个表演者。我宁愿花钱也乐意去看他打比赛，这些话我不会对着很多球员去讲的。"独行侠队主教练里克·卡莱尔在赛后评价东契奇时说道。

"我距（那些名人堂球员）还有很大差距，现在我才20岁，这才是我进入NBA联盟的第二个赛季。我并不知道以后会发生什么，一切都是未知的，所以我还有很多要提升的层面。"东契奇在谈及打破这些纪录时谦逊地说道。

打完与雄鹿队这场恶战，东契奇实现了自己职业生涯首次对阵密尔沃基球队拿到三双的突破，同时他在生涯第131场比赛结束后，已经在对阵过的15个对手中拿到过三双数据。这一表现令人十分期待，有朝一日他有望对阵29个对手都拿到三双，或许这个成就不会让大家等太久吧。

美国体育媒体露天看台在东契奇完成这次震惊篮坛的壮举之后，用了"没有东契奇逾越不过的大场面"作为他们的标题。东契奇在比赛中展现出的自信，即使是他身边站着世界上最擅长防守的球员，都很难阻挡他进攻的步伐。"如果这场比赛不是东契奇职业生涯最出色的一战，那么也应该无限接近。如果还有比这场比赛更好的表现，那也是很少见的了。让你看到比36分更好的表现，就是能够看到最出色的传球。"ESPN专栏作家扎克·洛维在自己的推特上写道。

在一个只来了NBA两个赛季的球员身上，能够看到众多美国体育界的一致夸赞，这样的国际球员少之又少。一些美国媒体甚至开始对东契奇职业生涯第三年抱有更大期待，更多人则是直接把他列入了未来超级巨星的行列。

从13岁离开斯洛文尼亚老家去往西班牙开启职业篮球之路，东契奇成熟的球风与他的成长环境密不可分。从欧洲篮球迅速适应美国凶悍的篮球文化，东契奇快速转换身份角色的能力，更是令人叹为观止。正如卡莱尔总结东契奇的那些话："卢卡不仅知道每个人的进攻位置，也知道大家的防守位置。这是超级巨星的潜在特征，我和拉里·伯德一起打过球，他就能看到场上的一切。我曾有幸执教过的贾森·基德也是这样的球员，如今的东契奇也具备这样的潜质。"

"魔术师"约翰逊在得知自己39年前的一项最年轻纪录被打破之后，为年轻人东契奇感到非常骄傲，显得尤为大度，并夸赞他的未来一片光明。向来都在为洛杉矶湖人队这个团队做考虑的"魔术师"，即便是离开了球队管理层的岗位，依然是在2020年的休赛期做客访谈节目时，更为自

然地畅谈起有关东契奇的未来。

"2023年的夏天东契奇将会执行完他的新秀合同，届时詹姆斯年满38岁，安东尼·戴维斯刚刚30岁。那时的詹姆斯不会再像今天一样如此高效，甚至会考虑退役或者承担一些比现在轻松的任务。如果东契奇那个阶段加盟湖人队，他可以顺利接班詹姆斯的位置，承

接以往勒布朗所能担负的重任。""魔术师"说道，"尽管独行侠队老板马克·库班不会轻易让东契奇离开球队，但是在接下来的几年时间里，如果湖人队能够拿下多个冠军，相信具备冲冠梦想的东契奇一定会在成为自由球员时，把紫金军团考虑在选择之中。"

"魔术师"虽然对东契奇的评价更为主观，但把未来的他看作是接替詹姆斯的合适人选，相信在这个联盟里面有这样能力的人，绝为罕见。

打完剩余的常规赛，独行侠队以西部第七的身份，在季后赛首轮便与拥有锋线"黑白双煞"的洛杉矶快船队相遇。面对卡瓦伊·莱昂纳德和保罗·乔治的轮番防守，东契奇依旧展现出作为一名卓越球员的技战术。尽管独行侠队在六场激战中被淘汰，但东契奇交出了一份场均31分、9.8个篮板、8.7次助攻、1.2次抢断的数据。在两位锋线防守大闸面前，一个二年级新秀有如此强势的表现，并且给了快船队足够大的压力和冲击力，迫使时任快船队主帅道格·里弗斯都有些许紧张。毕竟一个职业生涯首次经历季后赛的年轻人，给一支争冠行列的球队带来意料之外的困扰，也让很多快船队球员对东契奇刮目相看。复赛之后的场均准三双数据，东契奇被外界称为未来的联盟巨星，甚至也有人把他看作是不久的将来联盟第一人的最合适接班者。

冲击MVP

得到了无数的赞扬，征服了千万球迷的心，揽获了多项举世惊叹的纪录，东契奇从一个年轻新人瞬间成为明星行列中不可忽视的一员。东契奇在NBA生涯的第二个赛季，打出了历史上20岁球员最出色的一季，让全世界人都知道了他到底是谁。年薪只有768万美元的东契奇，显示了足够的巨星成色，他也成为NBA联盟下个时代最优秀的球员之一。

常规赛相比于菜鸟赛季少打了11场比赛，但是东契奇场均出场时间增加了1.4分钟，得分、篮板和助攻以及投篮命中率和个人效率值等多项数据均刷新了职业生涯新高。得分、助攻和出场时间三项数据，东契奇

连续两个赛季领跑全队，当他在场时球队每百回合能够多得3.7分，这一项数据足以佐证他是球队的进攻枢纽。北京时间9月17日，NBA官方公布了2019–2020赛季的最佳阵容榜单，卢卡·东契奇携手勒布朗·詹姆斯、詹姆斯·哈登、扬尼斯·阿德托昆博和安东尼·戴维斯一同入选最佳阵容一阵。东契奇成为NBA历史上第六位能够在21岁或更年轻时入选最佳阵容的球员，也成为继1998–1999赛季的蒂姆·邓肯后首位在生涯前两个赛季就能入选最佳阵容一阵的球员。

名宿的夸赞是给予后人最大的鼓励，主帅和管理层的认可肯定了东契奇的表现。NBA每一个赛季都会综合评定球员们的表现，让各行各业的从业者进行投票，从而选出每一年度的最有价值球员。东契奇这样的天之骄子，自然而然地成为2019–2020赛季人们讨论的MVP候选者。

由于2020年受到疫情的影响，NBA官方近些年推崇的年度颁奖典礼并

未举行，而是直接由媒体机构公布各奖项的最终得主。北京时间9月18日，NBA官方公布了2019-2020赛季的最有价值球员奖得主，密尔沃基雄鹿队的扬尼斯·阿德托昆博蝉联该奖项。不过在其身后有一位青年才俊，很可能在不久的将来将这一奖项收入囊中，他就是东契奇。

在NBA官方公布的投票得分细则中，东契奇拿到了14张第三轮选票（每票积5分）、36张第四轮选票（每票积3分）、22张第五轮选票（每票积1分）。总分200分的东契奇，力压洛杉矶快船队核心卡瓦伊·莱昂纳德，排在MVP榜单的第四位。在东契奇前面的三位分别是休斯敦火箭队的詹姆斯·哈登（第三）、洛杉矶湖人队的勒布朗·詹姆斯（第二）和扬尼斯·阿德托昆博。

谈到东契奇的威胁，用各种纪录去说明实力是最好的佐证，MVP奖项的竞争同样不例外。在达拉斯独行侠队的历史上，东契奇成为继德克·诺维茨基之后第二位能够在常规赛MVP奖项竞争中得票排前五的球员。在诺维茨基第一次入选MVP前五行列时，"德国战车"已经在独行侠队效力7年，年龄已经超过了25岁。但东契奇完成这个举措只用了两年时间，年龄只有21岁零6个月21天，他成为继勒布朗·詹姆斯之后第二年轻的能够在MVP奖项得票排前五的球员。如果不是突如其来的疫情导致NBA中途延期多日，NBA年度奖项正常情况下应该在每一年的6月公布，那样的话东契奇将超越勒布朗成为该项纪录的最年轻保持者。

尽管诺维茨基在2007年成功问鼎常规赛最有价值球员，但独行侠队历史上也仅有这一人拿到过该奖项。对于众多球员来讲，能够有一张MVP的选票就已经相当不易。东契奇是独行侠队历史上第七位获得常规赛最有价值球员奖项得票的球员，建队40年来，共有球员数百人，一个21岁的

独行侠队史MVP得票情况

球员	赛季	MVP投票得分	最终排名	球员	赛季	MVP投票得分	最终排名
卢卡·东契奇	2019-2020	200	4	史蒂夫·纳什	2002-2003	1	11
德克·诺维茨基	2013-2014	7	14	德克·诺维茨基	2001-2002	31	8
德克·诺维茨基	2011-2012	4	12	史蒂夫·纳什	2001-2002	5	14
德克·诺维茨基	2010-2011	113	6	迈克尔·芬利	2000-2001	1	15
德克·诺维茨基	2009-2010	55	7	迈克尔·芬利	1999-2000	1	13
德克·诺维茨基	2008-2009	3	10	迈克尔·芬利	1997-1998	1	18
德克·诺维茨基	2007-2008	5	11	贾森·基德	1994-1995	7	13
德克·诺维茨基	2006-2007	1138	1	马克·阿奎尔	1987-1988	1	14
德克·诺维茨基	2003-2004	349	3	马克·阿奎尔	1986-1987	1	15
德克·诺维茨基	2002-2003	43	7	罗兰多·布莱克曼	1986-1987	1	15

斯洛文尼亚青年弹指一挥间，便在队史上永远留下了浓墨重彩的一笔。

东契奇在职业生涯第一次得到MVP选票后，洛杉矶快船队前主教练道格·里弗斯在接受采访时说道："很有趣的一件事就是你似乎忘记了他才是个二年级的新秀，我之前还听到有些人这么说'等等，他真的才来NBA第二年吗？'这给人的感觉是（东契奇）已经在NBA打球很久了，然而这就是很伟大的一个迹象。"有趣的是MVP奖项公布之后不久，在2020年10月初的一次统计中，独行侠队的球衣销量仅排在全联盟第七位，但东契奇的球衣销售量却仅次于2020年总决赛MVP得主勒布朗·詹姆斯，排在全联盟第二。

完美主义者会讨论东契奇在MVP竞争榜单上为何不及前三位球员，有人会把责任归结在带队战绩上，也有人会把前三甲巨星的数据一一罗列，但对比未来在这个榜单的竞争力，或许东契奇不会输给任何人。

在2020–2021即将开赛之际，美国媒体围绕着预测新赛季的新闻内容大幅宣传，其中最惹人注目的当属总冠军与MVP的猜

想。后一个荣誉涉及到一名球员未来顶薪合同的上限，同样也要比预测总冠军的赔率更精准。众多主流媒体以及篮球专项记者对东契奇新一年的表现抱有期待，特别是在MVP这个奖项的冲击中，东契奇成为众人看中的有力人选。一家博彩网站甚至将东契奇拿MVP的赔率排在了第一位。

史蒂夫·纳什在2005年和2006年拿到MVP时，是NBA历史上自从1980年以后首位场均得分在20分以下拿到该奖项的球员。甚至2000年之后，除了纳什之外的MVP球员，当个赛季场均得分都在23分以上。德克·诺维茨基在2007年拿到MVP，在那之后所有拿到该奖项的球员场均助攻都在5次以上。对于以上这些统计，东契奇在2019-2020赛季已经逾越这条数据底线，接下来球队的战绩提升或许是一个关键。"字母哥"连续两年拿到MVP，他所率领的雄鹿队都是常规赛战绩最好的球队。2018年詹姆斯·哈登夺得MVP时，休斯敦火箭队创造了常规赛队史最佳战绩。金州勇士队在2015年和2016年风起云涌之际，他们常规赛战绩稳固在榜首，斯蒂芬·库里成了这两个赛季的最有价值球员。

在2017年拉塞尔·威斯布鲁克拿到MVP奖项时，尽管他成为近六年来（从2020年计算开始）唯一一个没有带队拿到分区最好成绩的MVP球员，但他和奥斯卡·罗伯特森成为历史上单赛季能保持30+场均三双的球员，因此东契奇如果能够加入这个行列，率队闯入季后赛也会对他拿到MVP有很大帮助。

随着2020-2021赛季进入常规，独行侠队在休赛期做了补强后，球队战绩会较之前有一定的提升。如果东契奇身边搭上健康的波尔津吉斯，独行侠队完全有机会冲击西区前四、单赛季50胜等荣耀战绩，如此一来东契奇MVP的得票比重又会大大增加。在职业生涯第二个赛季中，东契奇成为唯一一个得分、篮板和助攻三项数据均排在联盟前20的球员，这也给他之后去竞争MVP时提升个人数据埋下了伏笔。

而且在MVP竞选中，年轻人往往不断创造历史，一次次改写尘封多年的联盟纪录，这些会加深球迷以及媒体对他的印象，也会让球员在MVP得票中得利。如果东契奇能够增加自己的侵略性博得更多罚球，以及提升自己的三分球命中率，他的场均得分超过30分不成问题。在NBA历史上场均30+拿到MVP的球员只有16人，东契奇有望改写这一数字。而且在2019-2020赛季东契奇有多次40+三双的表现，如果能够在单赛季突破22次40+三双这项由奥斯卡·罗伯特森保持的纪录，那对于东契奇来讲冲击MVP会增加自己的权重。

2011年的德里克·罗斯在芝加哥拿到职业生涯第一个常规赛MVP奖杯时，他只有22岁零191天，至今他仍保持着NBA历史上最年轻MVP的纪录。到2021年的9月7日前，如果东契奇能够拿到自己职业生涯的第一座MVP奖杯，一项新的NBA历史将再次被这个斯洛文尼亚小伙创立。等待他的未来一片光明，而东契奇却在2020-2021赛季开始前对自己的期待只用了简单的几句话描述："和上个赛季一样，只希望比去年表现得更出色一些。同样，我也希望球队能够更上一层楼。"如此谦逊的表达，相信东契奇内心深处一定有比这朴实语言更广阔的雄心壮志，他的未来更值得所有球迷期待。

最佳阵容等分量十足的个人荣誉，是对东契奇2019-2020赛季
常规赛的最佳褒奖。漫长的赛季，他的个人表现和球队战绩，也
绝对配得上这些荣誉。但实际上，东契奇在季后赛中的6场发挥同
样出色甚至惊艳。尽管球队因为种种原因遗憾止步，但在更高舞
台上的处子演出，更让人期待东契奇的未来。

第七章

绝对领袖
震全美

1

首秀！季后赛他来了

等待了近两年，准确点说是670天后，东契奇终于等来他的首次NBA季后赛。

从2018年10月17日正式为独行侠队参加NBA常规赛，东契奇就一直渴望着季后赛。首个赛季，东契奇面临着诸多的适应。从欧洲篮球到美国篮球风格的转变，从队内新秀到建队核心的调整，让他的季后赛变得可望而不可即。超级内线波尔津吉斯虽然在该赛季转会到独行侠队，但因伤早早报销。场均交出21.2分、7.8个篮板、6次助攻的东契奇，在一片惊艳声和称赞声中体会到了什么是孤掌难鸣。

东契奇的第一个常规赛，独行

侠队仅取得33胜49负，排名西部倒数第二，连续第三个赛季无缘季后赛。但这并没有熄灭东契奇的雄心壮志，反而激发了他对季后赛的渴望。第二个赛季，东契奇一次次强调"我们的目标是季后赛"。为了实现目标，东契奇主动减重，加快脚步移动、提升防守，个人表现也比新秀赛季更加出色，场均贡献28.8分、9.4个篮板、8.8次助攻，命中率46.3%稳中有升，出色的表现让东契奇被广泛热议甚至超越了同龄时期的詹姆斯。波尔津吉斯的伤愈复出，更是给予他足够的帮助。独行侠队一路过关斩将，带着43胜32负、西部第7的成绩，在特殊的"疫情"赛季里重返季后赛。

2020年8月17日，东契奇终于站在季后赛的舞台上。缺乏经验，对手又是强大的快船队，东契奇和他带领的独行侠队在系列赛开打前被看衰。美国权威媒体ESPN有6位专家预测独行侠队将以总比分1–4被淘汰，还有11位专家认为独行侠队将以2–4败北。这并不让人意外，相比拥有莱昂纳德

和乔治两大超级巨星的快船队，独行侠队无论是纸面实力还是经验都有明显差距。常规赛，快船队排名西部第二，早就被视作总冠军的热门人选。相比之下，独行侠队只有东契奇一张王牌。就是东契奇这张王牌，却多次把强大的快船队惊出冷汗，也兑现了他赛前所说的"很多人都认为我们要被淘汰了，但我们还没有，我们会全力以赴"。

季后赛首秀，东契奇就震惊了整个联盟甚至是全世界。比赛开始后，快船队10-0稳稳掌控比赛，让比赛朝一边倒的方向发展。这个时候，东契奇站了出来。挡拆后突破上篮为独行侠队打进首球后，东契奇通过连续的突破和分球，带领独行侠队抹平分差。首节最后一攻，东契奇单挑快船队后卫杰克逊命中标志性的后撤步三分，独行侠队领先4分进入第二节。

为了限制东契奇，快船队不惜使用"车轮战"的方式，让贝弗利、杰克逊、莫里斯和乔治轮番消耗他，必要时还会频繁包夹。"你有张良计，我有过墙梯"，面对快船队的凶狠防守，东契奇总能及时回应。欧洲步上篮、弧顶的超越三分、突破后的转身挑篮，以及一次次的及时分球，东契奇让比赛保持了足够的悬念。终场前1分40秒，东契奇持球单打莱昂纳德，在连续的胯下和变向运球后，东契奇强行突破到篮下撞开莱昂纳德，在后者的干扰下完成得分，为独行侠队追到差5分。这是超级巨星之间的正面对话，莱昂纳德的季后赛经验远胜首进季后赛的东契奇，当选过最佳防守球员的他防守能力更是有目共睹，但决战时刻，东契奇依然无所畏惧。终场哨响，独行侠队最终以110-118不敌快船队，但东契奇的表现却依然疯狂。

出场38分钟，东契奇狂砍42分、7个篮板、9次助攻、3次抢断。虽然东契奇有11次失误，却瑕不掩瑜。如果不是波尔津吉斯在第三节为东契奇出头被罚出场，比赛鹿死谁手还不一定。经此一战，东契奇证明了季后赛

的战场也难不住他。"我觉得季后赛和之前的比赛没什么不同。"东契奇说得轻描淡写。失利之后，惊艳的个人表现并没有让他感到喜悦，反而是11次失误让他格外难受："我的失误太多了，这太糟糕了，之前从没有这样。后面的比赛，我必须打得更好。"

　　系列赛第二场，东契奇就做出改变。他不再一味地以一己之力对抗快船队，而是频繁带动队友打团队篮球。开场第一攻，他就在乔治的防守下助攻队友空接暴扣。波尔津吉斯给了他很大的帮助，频繁的掩护，外线冷射三分和内线突破后的单手劈扣，同样是职业生涯季后赛第二场的波尔津吉斯全场贡献23分、7个篮板。

　　东契奇不再像首场那样接管比赛，更加谨慎的传球让他把失误减少到了1次，更坚决的串联让独行侠队全队绽放。但他绝不放过任何一次稳妥的得分机会，突破快船队两名球员的上篮，单打路威的后撤步三分……东契奇带领独行侠队打出一波15-2的攻势，取得梦幻般的开局。不留心观察，你会觉得这是快船队领先，而不是独行侠队。快船队努力缩小分差，东契奇连续和博班·马扬诺维奇打挡拆稳住领先，送给波尔津吉斯等队友的妙传帮助独行侠队多点开花。

全场，独行侠队6人得分上双（首场4人），全队助攻25次，比快船队多出9次。东契奇拿到28分、8个篮板、7次助攻，带领独行侠队以127-114扳回一城，总比分追到1-1平。两场比赛，东契奇一共拿到70分，超过"天勾"贾巴尔（69分）等NBA名宿，但东契奇的反应却是："这确实是不错的数据，但拿下胜利才是最重要的，这才是我最关心的。"

东契奇的确只关心胜利，但如果能顺带回击一下质疑声，他显然也是乐意的。"他们应该说，独行侠队是有机会闯入第二轮的。"拿下比赛后的东契奇喜笑颜开，半开玩笑地回应了奥尼尔、巴克利等人在赛前节目中的讨论，而"他们"指的就是这些名宿。"很多人都不看好我们，很多人都预测我们止步第一轮，他们应该要改口了吧？"东契奇继续淡淡地说道。这场胜利确实改变了外界的口风，但等待东契奇的是更加严峻的挑战。

第三场，快船队全力反击。为了限制东契奇，快船队内线哈雷尔首节就不惜连续使用小动作，这也直接引发了两人的冲突，也间接影响到了东契奇的情绪。第二节，快船队在莱昂纳德的带领下单节轰下45分顺势扩大分差。上半场，莱昂纳德就贡献了18分，带领球队建立起14分的领先。东契奇在严密的防守下10投3中，得到11分、7次助攻。

雪上加霜的是，东契奇在下半场意外受伤。第三节还剩3分58秒时，东契奇防守莱昂纳德被顶到膝盖，落地不稳的他左脚踝遭遇几乎90度的内翻，痛苦倒地。这一伤，东契奇不得不返回更衣室治疗。倔强的少年拒绝

了他人的搀扶，自己单脚跳着回到更衣室。简单的治疗后，东契奇在第四节重回球场，但坚持了三分钟后就无奈退出比赛。落后15分的独行侠队奋力反扑，但还是以122-130告负。但东契奇的表现依然出色，虽遭遇受伤退赛，他依然拿到13分、10个篮板、10次助攻的三双，成为NBA季后赛历史上拿到三双的第三年轻的球员。

总比分1-2落后，再输一场就要被快船队拿到赛点。独行侠队能在系列赛第四场反弹吗？东契奇的伤病严重吗？他还能参加之后的比赛吗？这一切都给这轮系列赛留足了悬念。

2

绝杀！缔造史诗一战

休整两天后，独行侠队和快船队的系列赛第四场在8月23日重燃战火。但比赛开始前，等待独行侠队的却是晴天霹雳。

上一场扭伤左脚踝的东契奇还没有完全康复，独行侠队主力内线波尔津吉斯又突然不能出战。因为右膝酸痛，波尔津吉斯不得不缺席系列赛第四场，这让轮换阵容尤其是内线轮换捉襟见肘的独行侠队雪上加霜。受伤之前，波尔津吉斯在前三场系列赛场均贡献23.7分、8.7个篮板、1次封盖，52.9%的三分命中率（场均投中3个三分球）让这位2.21米的巨人在内外线和攻防两端都有着巨大的威慑力。

　　失去波尔津吉斯后，谁来填补他的空缺？独行侠队没有答案。博班·马扬诺维奇的身高（2.24米）倒是和波尔津吉斯比较匹配，但他的能力还有明显差距，季后赛场均只有6.8分、5.8个篮板。没有三分球的威胁、移动缓慢都限制了这位塞尔维亚巨人在场上的威胁。独行侠队原本就是东契奇和波尔津吉斯一外一内的双核球队，现在，双核突然倒下一个，另外一个还有伤在身，单核东契奇和他带领的独行侠队看起来凶多吉少。

　　快船队也敏锐地嗅到了机会。系列赛第四场开始后，莱昂纳德和乔治迅速策动快船队趁虚而入，带队在首节还剩4分钟时就以22-11领先11分。就连快船队后卫雷吉·杰克逊都利用东契奇脚伤移动不便快速反击投中三分。开局手感不佳还连续失误的东契奇，也在一次争抢篮板倒地后对裁判没有响哨很是不满，在连续抱怨裁判后，心浮气躁的他也罕见吃到了技术犯规。东契奇的移动明显受到影响，好不容易在快船队内线哈雷尔面前完成一记抛投，落地之后的他龇牙咧嘴，表情很是痛苦，很显然，脚踝的伤势依然在影响着他。受此影响，独行侠队首节虽然苦苦追赶，但依然以24-34落后10分。

　　但独行侠队更难的时刻还在后面。第二节，独行侠队在第二阵容的比拼中完全陷入被动，在快船队后卫路易斯·威廉姆斯带队打出12-4的攻击波后，快船队领先达到了21分。东契奇的左脚踝尽管依然疼痛，但只能咬牙重新上场，否则，分差很可能越来越大。在三分手感不佳后，东契奇选择了孤注一掷，开始频频向内线突破，要么自己得分，要么分球。相比自己投三分，这是东契奇把队友串联起来的更好方式，也是独行侠队施展团队战斗力的最佳选择。但这也意味着东契奇可能再次受伤，因为每一次突破，他可能都会遇到更激烈的对抗，落地的疼痛感也会更强。

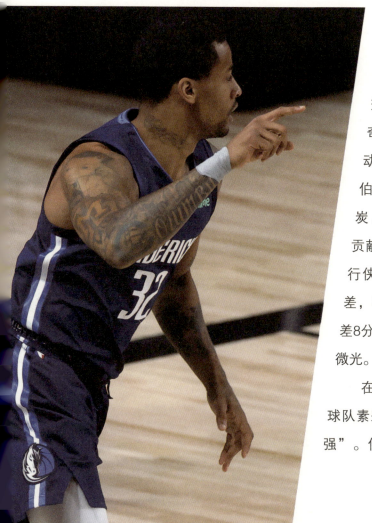

东契奇并没有更好的选择。为了球队的胜利，他只能赌一把。还好，他的选择收效明显。第二节，东契奇单节拿到10分，还带动了队友的进攻。队友伯克也在这个时候雪中送炭，单节4投全中，同样贡献10分。三军用命的独行侠队，一点一点缩小分差，在上半场结束时追到只差8分，在黑暗中看到了一丝微光。

在NBA，德克萨斯州的球队素来被称作"打不死的小强"。作为德州的代表球队之一，独行侠队这场比赛也确实展现出了这种精神。短暂休息过后，独行侠队在下半场卷土重来。和上半场相比，东契奇在下半场的进攻更加决绝，更加义无反顾。第三节还剩9分钟，东契奇三分线外持球先是突破莱昂纳德，后用节奏变化的欧洲步完全闪过乔治完成突破得分。他的速度依然不快，但足以让快船队双核疲于招架。助攻队友投中三分后，东契奇又单防抢断乔治，并在乔治的贴身防守下完成一条龙上篮。东契奇越战越勇，独行侠队反超比分，快船队的信心开始动摇。32.6秒，东契奇强突篮下翻身跳投，在连续的假动作骗过对手后，东契奇在莱昂纳德的巨掌封盖下命中篮筐，还造成加罚，独行侠队领先8分，东契奇攥拳怒吼发泄着情绪。

进入第四节的决战，东契奇依然能量十足。强突莫里斯上篮不进后，他在对手头上摘下前场篮板，面对乔治的补防强硬得分。单挑快船队后卫路易斯·威廉姆斯更是艺高人胆大，直接选择了超远距离的后撤步三分。但快船队的体能优势还是更加明显，充足的轮换阵容让他们在第四节最后时刻不断缩小分差，并将比赛拖入加时赛。

错过了第四节终结对手的机会，东契奇不允许自己在加时赛再这样浪费全场的努力。最后一分钟，东契奇开始接管比赛。队友突破上篮受阻，球三传两倒来到东契奇手中。面对莱昂纳德的防守，东契奇一个加速摆脱再次强杀篮下，面对莫里斯

完成强硬的得分。再攻，东契奇成功利用掩护摆脱莱昂纳德，对上防守平平的快船队后卫雷吉·杰克逊。变向向右突破，面对快船队的包夹迅速转身，东契奇利用他高大和强壮的身体碾着杰克逊完成上篮，让独行侠队在最后19秒领先2分。

莫里斯的三分球为快船队反超2分后，只留给独行侠队3.7秒。奇迹会发生吗？东契奇给出了肯定的答案。独行侠队的暂停布置很有成效，东契奇利用掩护再次甩开快船队防守最好的莱昂纳德，又一次让雷吉·杰克逊成了他的背景。3.7秒的时间，该怎么进攻？何时出手？东契奇在大脑中显然已经有过精准的计算。

中线前一步的位置接球后，东契奇两次变向、四次运球，在最后0.6秒时投出后撤步超远三分，距离三分线的位置足足有一米远。灯亮球进，东契奇绝杀了快船队，独行侠队完成了21分的大逆转，靠着残阵把系列赛总比分追到了2-2。同时，这也创造了独行侠队季后赛历史上的最大逆转分差纪录（之前为2003年西部决赛第5场逆转马刺队19分）。东契奇捶胸咆哮，将一整场的情绪发泄出来。队友和教练疯了一样地扑向他，围着他怒吼着、庆祝着，苦拼了一整场后，逆转的艰难只有他们才能理解。快船队那边，球员们一个个呆若木鸡、一脸木讷。

　　这是独行侠队拼了全场才换来的果实，但东契奇的疯狂表演显然更加激动人心。"满堂花醉三千客，一剑霜寒十四州"。奉上绝杀的东契奇全场斩下43分、17个篮板、13次助攻的超级三双，也是连续第二场在季后赛拿到三双。数据显示，他是NBA历史上第三个在季后赛拿到40+15+10三双的球员。带着独行侠队的残阵，面对的是快船队这样的强敌，自身还有伤，没人知道东契奇是怎么挺过来的。但越是这样，21岁的季后赛"菜鸟"东契奇愈发让人尊重，愈发显得与众不同。这样的表现也让东契奇几乎征服了所有人。独行侠队主教练卡莱尔率先送上认可："最后一球太精彩了。这个孩子就是为这种大场面而生的。最后时刻，我们的战术一定是把球交到他的手上。他整场的表现都非常优秀，40多分的三双，这是现象级的成绩，他阅读比赛的能力就像是6G网络一样，整场表现简直像是来自另一个星球的人。"队友伯克也被折服了："大心脏的球员完成了大心脏的进攻，他已经在这个联盟证明了自己的大心脏。"

　　其他通过网络观看比赛的超级巨星们也被征服了。詹姆斯用美国解说员迈克·布林对东契奇"邦邦"的称赞来恭维这个小兄弟："邦邦，我要

模仿迈克·布林的声音喊出来。"库里也是目瞪口呆："东契奇这球不可思议。"韦德更是直言："保持健康，没几个人会比你更出色。"已经退役的马刺队名宿吉诺比利则称："这孩子不可思议，我是卢卡（东契奇）的球迷了。"同一年进入NBA的特雷·杨也是满满的称赞："东契奇与众不同，我要给他打100分。"骑士队头牌凯文·乐福说出了无数人的心声："虽然是众所周知的事情，但我还是要说，卢卡是真正的超级巨星。"一向冷血的莫兰特也被东契奇折服："卢卡太冷血了。"见惯了大风大浪很少夸人的考辛斯，也表达了自己的看法："这个年轻人很不寻常。"林书豪也被这个年轻人打动了："卢卡真不是闹着玩的！整场比赛都有条不紊，而且面对的是两位世界级的防守球员。"

到这个时候，大家才意识到快船队上下之前对东契奇的称赞绝不是说说而已。"他总能在场上找到自己的位置，也能找到队友，给他们创造出轻松得分的机会。到了困难时刻，他还可以命中那些难度很高的球。他是一个非常棒的球员。"莱昂纳德曾这样评价东契奇。乔治和莱昂纳德的看法一样："他还是个孩子呢，他还有巨大的潜力等待兑现。现在的他已经足够惊艳了，考虑到这点，他实在太惊人了。等到他完全发挥出自己的能力，达到自己的巅峰，那才是真的恐怖。"

但东契奇自己依然冷静得可怕。赛后谈到绝杀和对手的施压，东契奇语气平淡："我只想着要投进。"对于最后一球，东契奇如是说道："真正能刺激到我的只有篮球本身。无视那些干扰，专注于篮球，享受整个过程。"

结束史诗级的这一战后，东契奇将自己的名字再次镌刻在了NBA的历史簿上。他的绝杀一遍又一遍地在视频网站上滚动播放，带伤出战拿到的现象级三双一次又一次地被热议，从此，卢卡·东契奇真正成为NBA现役最顶级的巨星之一。但这只是个开始。

受伤！他从不会服输

想在对抗激烈甚至是近乎肉搏的季后赛里全身而退，任何时候都不会是容易的事情。当你面前站着的是莱昂纳德和乔治两位顶级防守悍将，当你的对手是冠军热门球队时，这一切就显得更加艰难。

　　季后赛"菜鸟"东契奇，对此深有感触。和快船队的系列赛，他的防守待遇完全不是"菜鸟"级别，而是不逊色于任何超级巨星的待遇。车轮战轮番消耗、用身体和对抗施加压力、随处可见的包夹等，东契奇都有深刻体会。

　　快船队前锋乔治就在不经意间暴露了球队的防守计划："他是未来炙手可热的人物，我们也没想着我们能阻止他，但我们所做的是想让他打得更加艰难。这是这轮系列赛的重点，我们要在这些比赛里尽可能地持续消耗他。"

　　或许，乔治自己和快船队的教练组的确是这么想的，但这依然挡不住有人用极端的方式给东契奇制造麻烦。仅仅在系列赛首场比赛后，独行侠队主教练卡莱尔就很是为东契奇捏了一把汗，他说："季后赛有更多的身体对抗，看看东契奇屡次被拉拽、碰撞、犯规，就知道他打出了一场多么悲壮的比赛。对我们全队来说，无论是身体上还是心理上，都需要做更充足的准备。"

卡莱尔显然并不是护犊心切才会这么说，比赛中呈现出来的确实是这样。系列赛首战进行到第三节时，快船队前锋莫里斯就出现了并不友好的动作。在东契奇突破造成快船队犯规后，莫里斯却依然出现了双手摁着东契奇肩膀的多余动作，导致东契奇恼羞成怒，也引发了双方之间的冲突。第一时间为东契奇解围的波尔津吉斯和莫里斯旋即又出现冲突，并为此被判第二次技术犯规并驱逐出场。

不过，对手的挑衅并不能阻挡东契奇。首场系列赛，东契奇用42分、7个篮板、9次助攻、3次抢断的表现做出了最好的回应。尽管独行侠队最终以8分之差告负，但东契奇依然赢得了广泛称赞，反而是快船队背上了"胜之不武"的标签。

拿下系列赛开门红后，快船队对东契奇的盘外招倒还有所收敛。可随着东契奇带领独行侠队拿下第二场，系列赛总比分追到1-1平时，快船队的挑衅即刻重来。

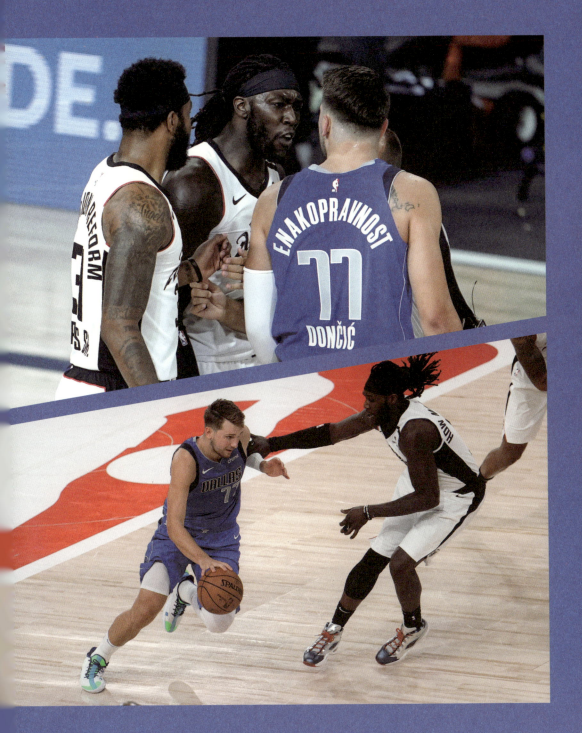

第三场比赛刚开打，对手又开始额外"照顾"东契奇。首节进行到5分45秒时，东契奇就遭遇了对手粗野的防守。后场运球推进的东契奇，面对莫里斯的贴身防守加速突破完成上篮得分，莫里斯无奈之下只能犯规，但他的犯规足够凶狠，导致东契奇直接摔出底线撞在广告牌上。但和之后的防守相比，莫里斯这次的粗野犯规已经算是手下留情了。

仅仅过了半分钟，东契奇就遭到了快船队另外一名球员的爆粗挑衅。在篮下顶开东契奇强攻打进后，快船队主力内线哈雷尔一边退防一边对东契奇嚷嚷："××生的白人男孩。"直接将话题上升为种族歧视，脸上不见任何愧疚。

又是半分多钟后，东契奇遭到了快船队两大刺头的双重"照顾"。独行侠阵地进攻，东契奇突破分球，协防的哈雷尔在防守中出现了多余的挥肘动作，幸运的是东契奇并没有受伤。独行侠队三分不中，东契奇抢篮板又和哈雷尔、莫里斯搅在一起。莫里斯隐蔽的推人和对抗，哈雷尔右脚巧合地出现在了东契奇的脚后，直接导致东契奇一个踉跄，反而是哈雷尔直接倒在地上。对手略显夸张的动作，再次激怒了东契奇。"别假摔了，伙计。"东契奇直接怒斥倒在地上的哈雷尔，冲突也就此再次出现。

东契奇虽然在进攻端被限制，但依然贡献了13分、10个篮板、10次助攻的三双成绩，这是在严重崴脚提前退赛后交出的表现。即便是这样，快船队也再次只以8分的优势艰难取胜，取胜的含金量也引发了广泛质疑。

换作其他人，在对手连续的挑衅后，早就失去冷静。就连球迷也普遍认为哈雷尔"过了"，还有很多人直接请愿联盟重罚哈雷尔。但年轻的东契奇却依旧风度翩翩。系列赛第四场，哈雷尔在赛前向东契奇道歉，东契奇也选择接受，直接和哈雷尔拥抱一笑泯恩仇。甚至对于哈雷尔的行为，东契奇还不忘为他辩解："情绪激动的时候，有时候我们会说一些过分的

话。他向我道歉了，我理解和尊重，所以我们也翻篇了。"

　　但东契奇的大度并没有换来快船队的悔悟，路易斯·威廉姆斯和莫里斯依然用垃圾话挑衅他，莫里斯更是变本加厉。系列赛第五场，第三节刚刚开始1分钟，独行侠队底线发球，东契奇准备接球。这个时候，莫里斯突然走过来踩到了准备启动的东契奇的左脚后跟，并踩下了东契奇的鞋，导致东契奇险些摔倒。没人知道莫里斯是不是故意的，但从慢镜头回放来看，莫里斯完全可以避免踩到东契奇的脚。赛后，在记者表示莫里斯这样的行为概率很小时，东契奇却依然不想妄加猜测："我并不是很想跟他讲话，这个人整场都在我耳边嚷嚷，我根本不想理睬他。每个人对这件事都有自己的解读，我希望他不是故意的，如果真的是故意的，那这可真的不

怎么样，我们向前看吧。"

东契奇倒是向前看了，可莫里斯依然是我行我素。系列赛第六场，他除了用垃圾话挑衅东契奇，更使用了恶劣的伤人动作。首节还剩1分钟时，东契奇强行顶开莫里斯上篮，结果被莫里斯一巴掌打翻在地，莫里斯的这个动作也根本不是冲球而是直接冲人。倒地后的东契奇顿时起身就要和莫里斯打架，好在被队友拉住才避免冲突发生。引发众怒的莫里斯，到这一场才被重罚，领到二级恶意犯规后，莫里斯被直接驱逐出场，但整个系列赛打下来，东契奇实在是有些不堪其扰，也因为他的踩鞋动作导致左脚踝更加疼痛。

纵使是这样，东契奇还是在不断交出出色表现，并且带领阵容残缺的独行侠队给快船队制造巨大压力。如果不是波尔津吉斯只打了系列赛前三场就赛季报销，那么独行侠队还会给快船队带来更大的麻烦。如果是其他对手，或许早就和快船队球员莫里斯发生严重的冲突。但这就是东契奇与众不同的地方。尽管被不断挑衅，还在系列赛里多次受伤，但他用出色的球场表现和充满魅力的回应做出最好的反击。

"他从不向任何人屈服。谁和他讲话并不重要，他是永远不会退却的。说实话，这只能让他更有斗志。"作为队友，伯克太了解东契奇是怎样的人，问题是快船队并不知道。但不知道也没有关系，这轮系列赛里，这个年轻人就让对手知道了自己是谁，也让对手知道了挑衅与伤病都挡不住他不服输的心。

4

告别！梦幻之旅终结

系列赛第四场完成史诗级的逆转后，东契奇为独行侠队将总比分追到2-2。但因为消耗太大，脚踝伤并未痊愈的东契奇元气大伤。以至于系列赛第五场开始后，东契奇和独行侠队完全不是快船队的对手。

8月25日，再次站在同一起跑线上的独行侠队和快船队展开系列赛第五场的争夺。比赛一开始，独行侠队还借着上一场的逆转和信心占据主动，东契奇连续突破后又先后助攻队友投中三分，开场3分半钟，独行侠队以16-9占得先机。从这个时候开始，比赛逐渐进入了快船队的节奏。

莱昂纳德主动接管比赛，连续利用中投为快船队解决问题。轮到独行侠队进攻，乔治对东契奇的防守更加严密，更加如影随形。必要时，他还会和快船队中锋祖巴茨频繁包夹东契奇。比赛开局，东契奇还能利用掩护错位小打大，但随着比赛深入，乔治开始频频抢着绕过掩护追堵东契奇。同时，莱昂纳德也加入到防守东契奇的阵营中，这让有伤在身的东契奇也有些自顾不暇。乔治和莱昂纳德之前也曾经防守过东契奇，却没有像第五场这样频繁。

当不再像系列赛前四场那样频频面对莫里斯、雷吉·杰克逊、路易斯·威廉姆斯等人，而是被乔治、莱昂纳德两个人全程盯防时，东契奇也很难再将独行侠队的残缺阵容激发出足够的战斗力。反过来，莱昂纳德和乔治轮番单打得手，带领快船队打出了24-2的攻击波直接反超15分，也彻底掌控了比赛。独行侠队这边零敲碎打，快船队趁势继续扩大分差，首节结束时，独行侠队22-41落后了足足19分，快船队单节投出了67%的超高命中率，独行侠队却只有42%。

更加令人糟心的是，东契奇的脚踝伤势加重，队医在场边时不时的询问和简单治疗，却依然没能让东契奇的脚踝好起来。忍痛作战的东契奇第二节3投0中，靠着罚球艰难得到3分，独行侠队齐心协力抗衡快船队，但始终无法缩小分差。第三节，东契奇单节拿到10分和莱昂纳德分庭抗礼，但主教练卡莱尔在该节不满裁判判罚被驱逐出场，让独行侠队被对手左右夹攻。三节打完，腹背受敌的独行侠队以86-111落后25分，这也让比赛提前

失去悬念。111-154，独行侠队在天王山之战中毫无悬念地惨败快船队，总比分2-3落后，让快船队拿到系列赛赛点。

在NBA短暂罢赛又恢复后，独行侠队和快船队系列赛的生死战在8月30日打响。这是双方的第六场争夺，更是关乎生死存亡的比赛。

无路可退的独行侠队首节就抢占开局，在上一场惨败被主教练卡莱尔斥责"我们需要从头至尾打得都更加强硬"后，东契奇首节身先士卒，他不仅得到9分、4次助攻，而且盘活了独行侠队的进攻，让独行侠队首节以34-29领先。但只靠东契奇根本不够，第二节最后5分钟，独行侠队只得到4分，全部来自东契奇，快船队却是双核发威，在莱昂纳德和乔治的带领下在上半场反超6分。

没有选择的东契奇，只能再次将独行侠队扛在肩头。第三节，当莱昂纳德带领快船队早早领先20分时，东契奇爆发了。他内突外投还助攻队友得分。该节最后一分半钟，东契奇一记三分球，两次2+1，用强硬的表现回击了快船队，单节得到16分的他，也带领独行侠队在第三节结束时追到差11分。这一节，独行侠队单节一共得到23分，东契奇一人拿到16分，其他队友单节得分最高的只有拿到3分的塞斯·库里。最后一节开始后，东契奇延续了第三节的火爆，他助攻队友投中三分后，自己三分球同样命中篮筐，独行侠队82-88追到只落后6分，胜利似乎就在前方。

遗憾的是，从这次6分的分差开始，独行侠队再也没能进一步缩小分差，反而随着比赛的推进再次被快船队拉开分差。眼看着大势已去，卡莱尔在最后2分钟换下东契奇，这场比赛也提前宣告结束。97-111，独行侠队再输一场，总比分2-4不敌快船队止步于季后赛首轮，东契奇的首次季后赛之旅也在曲折、刺激和失望等多重复杂的因素中结束，梦幻般的旅程在这一刻画上句号。

虽然倒在季后赛首轮，终究是没能"以下克上"制造惊喜，6场内结束比赛似乎也印证了ESPN专家们在系列赛前的预测。但事实上，如果不是波尔津吉斯的意外因伤报销和东契奇自身的脚踝伤病，独行侠队是有机会打出更好的表现的，抢七甚至是晋级也未尝没有可能。

即便输给了快船队，东契奇在季后赛的惊人表现依然让对手心悦诚

服。"他是一名出色的球员，在他的第一个季后赛中，他起到了至关重要的作用。他在场上每一分钟都在拼，没有退缩。他每场比赛都在带动全队，他做得非常出色。" 快船队核心莱昂纳德在晋级之后，大方地称赞了东契奇。快船队主教练里弗斯也毫不掩饰对东契奇的喜爱："过去的两场比赛，我们让他吃了不少苦头，但他一直没有放弃。我们一直在等他疲惫，但他仿佛不会累。我从新秀赛季就非常欣赏他，就开始关注他了。我喜欢他的坚韧，我也非常尊重他。"

独行侠队更是为有东契奇这样的勇士而骄傲。"东契奇是这个联盟我见过最强硬的选手之一，我期待他在下个赛季变得更强。"球队主教练卡莱尔对他赞不绝口。独行侠队老板库班并没有点名称赞东契奇，但"为独行侠全队感到自豪，这仅仅是个开始"的评价显然也包含着对东契奇的深刻期待。说出"这是我们所期待看到的表现，为你们的表现自豪"的球队名宿诺维茨基，显然和库班一样对东契奇充满期待。

东契奇确实也值得期待，尤其是在他的第一次季后赛之旅中就创下这么多的纪录后。系列赛第一场，他成为NBA历史上季后赛处子秀就拿到40+的第一人。同时，他是2006年的詹姆斯之后第一个在21岁就能在季后赛拿到40+的球员，和"魔术师"约翰逊、麦迪、詹姆斯成为仅有的4名在21岁就能在季后赛拿到40+的球员；第二场结束后，他在季后赛生涯前两场合计拿到70分，超过NBA名宿"天勾"贾巴尔（季后赛生涯前两场一共69分）成为历史第一人；第三场，他成为仅次于"魔术师"约翰逊和詹姆斯的史上第三年轻的季后赛三双得主，还是独行侠队季后赛历史上三双第一人。

系列赛第四场，东契奇成为最年轻的季后赛40+三双得主、最年轻的季后赛绝杀球员，和张伯伦成为仅有的在季后赛单场拿到43+17+13的球员，比肩乔丹成为仅有的在季后赛拿到40+且在落后时投中绝杀球的球员。同时，他是第三个在季后赛拿到40+15+10的球员，和詹姆斯成为仅有的在季后赛拿到30+三双的21岁球员，2019-2020赛季季后赛至少两次拿到三双的唯一一名球员。他的绝杀球距离创造了历史第二的纪录（28英尺，约8.5米），他还是第9个连续两场在季后赛拿三双的球员，带队逆转21分更是创造队史纪录。

系列赛六场比赛，东契奇场均得到31分、9.8个篮板、8.7次助攻、1.2次抢断，命中率达到50.5%，他也因此成为NBA历史上第5个在季后赛系列赛场均拿到至少30分、8个篮板、8次助攻的球员。不过，东契奇是第一个在首次季后赛之旅中就打出这样表现的球员。

因为这与众不同的表现，而且是在快船队这样的对手面前，东契奇也征服了整个联盟，尤其是在伤病依然没能阻挡他之后。东部球队的一位球

探就直言："我预测他将来会赢下不止一个MVP。全联盟的球员，我对他的评价最高。如果讨论'谁是建队基石'这个话题，我会第一个选他。"西部球队的一位高管更是认为："他们（独行侠队）因为有了他，可能没有意识到距离冠军有多近。他展现出了同时代球员里最出色的天赋，这种天赋足以让他扛起一支球队。"

东契奇对于球队的表现也很自豪。"我为我的球队感到骄傲，为我们的拼搏而骄傲，我们战斗到了最后一刻。快船队是一支非常出色的球队，所以和他们抗衡非常难，但我们拼尽了全力。"东契奇说。

首次打季后赛就有这样出色的表现，而且还是在伤病、阵容厚度存在差距等种种困难之下。所以，哪怕是被淘汰了，东契奇也应该还算满意这轮系列赛吧？但他的字典里从来没有"虽败犹荣"。在皇家马德里和斯洛文尼亚国家队都拿到过冠军后，东契奇的目标也只有一个："每个赛季开始的时候，我的目标都是冠军。除此之外，我没有别的目标。"

和过去一样，东契奇的眼里依然只有总冠军，依然没有"满足"二字。在首次打进季后赛就有如此惊世骇俗的成绩后，21岁的东契奇也已经准备好了再攀高峰。2019-2020赛季的终结并非终点，再度出发的东契奇，会带来怎样的惊喜？（本书正文完，截至2019-2020赛季结束。）

结语

　　从7个月蹒跚学步的婴儿，到21岁送上史诗绝杀的领袖，东契奇"21年"的篮球生涯，在前面7章中已经有了全面而细致的展示。这是一位天才，但同样是一名努力到极致的篮球少年。

　　这位少年成长的道路并非一帆风顺，初涉欧洲顶级联赛时品尝替补席的无奈、进入强人如林的NBA开始不断感受失利的苦涩。但幸运的是，负面影响也好，无奈苦涩也罢，总有篮球陪伴着东契奇，他也总能通过篮球去摆脱这些挫折，进而获得更高层次的成功。

　　以东契奇目前的成就去衡量一名21岁的球员，你很难挑出什么毛病。他斩获极致的个人荣誉，并早早成为联盟的顶级巨星。但回溯东契奇的经历，并可以窥探出他在这个阶段的野心和不甘。

　　无论是各级别的欧洲联赛还是国家队层面的欧锦赛，品尝过冠军滋味的东契奇，断然不会满足于季后赛首轮这个团队荣誉。因此，在接下来的几个赛季中，我们有理由也有信心期待东契奇带来更多的惊喜。

　　这些惊喜中必然有花式打破NBA的各类纪录，必然有继续与勒布朗·詹姆斯、"魔术师"约翰逊等传奇比肩，但从三年级开始，他的收获或许将不只这些。

　　更加成熟的东契奇与达拉斯独行侠队，有很大的希望在团队荣誉层面更进一步。我们也希望看到，东契奇在更高级别的比赛中，展现自己的天赋和能力。西部半决赛、西部决赛、总决赛，这些他还没有涉足的殿堂，犹如茫茫大海等待他去征服。

　　待到3年、5年、7年之后，我们再去回溯东契奇的篮球生涯，也将必然有更多值得书写的篇章。我们祝福东契奇的职业生涯能够不断攀升，不断取得更高层次的成功，我们祝福他能如征服欧洲大陆一般，在NBA建立属于自己的传奇时代，届时我们也期待与读者们分享东契奇更加璀璨的生涯。

东契奇荣誉簿

卢卡·东契奇/Luka Dončić

国籍：斯洛文尼亚	生日：1999年2月28日
身高：2.01m	体重：104.3kg
球队：达拉斯独行侠	号码：77
位置：前锋/后卫	爱好：电子游戏

NBA选秀：2018年第一轮第3顺位被老鹰队选中，随后被交易到独行侠队。

NBA荣誉

2019-2020赛季 NBA全明星球员

2019-2020赛季 NBA最佳阵容第一阵容

2019-2020赛季 MVP评选第四名

2019年11月 NBA月最佳球员

2019年11月26日 NBA周最佳球员

2018-2019赛季 最佳新秀

2018-2019赛季 最佳新秀第一阵容

2018年11月-2019年3月 5次月最佳新秀

欧洲荣誉

东契奇NBA数据

常规赛场均

赛季	场次	首发场次	出场时间	投篮命中率	三分命中率
2018−2019	72	72	32.2	42.7%	32.7%
2019−2020	61	61	33.6	46.3%	31.6%

季后赛场均

赛季	场次	首发场次	出场时间	投篮命中率	三分命中率
2019−2020	6	6	35.8	50.0%	36.4%

季后赛具体场次

赛季	场次	首发（是/否）	出场时间	投篮命中率	三分命中率
2019−2020	独行侠VS快船 G1	是	38.4	61.9%	33.3%
	独行侠VS快船 G2	是	28.1	47.1%	57.1%
	独行侠VS快船 G3	是	29.5	28.6%	16.7%
	独行侠VS快船 G4	是	45.8	58.1%	40.0%
	独行侠VS快船 G5	是	31.2	35.3%	16.7%
	独行侠VS快船 G6	是	41.7	53.6%	44.4%

篮板	助攻	抢断	盖帽	得分
7.8	6.0	1.1	0.4	21.2
9.4	8.8	1.0	0.2	28.8

篮板	助攻	抢断	盖帽	得分
9.8	8.7	1.2	0.5	31.0

篮板	助攻	抢断	盖帽	得分	胜负
7	9	3	0	42	负
8	7	0	0	28	胜
10	10	1	1	13	负
17	13	2	1	43	胜
8	4	0	1	22	负
9	9	1	0	38	负

东契奇七大必杀技

后撤步三分
轻松写意 杀人于千里之外

扎实的基本功、出色的核心力量、稳定的投篮手感，这些特质让东契奇的后撤步三分轻松写意，杀人于千里之外。

曾几何时，詹姆斯·哈登在这项技能上可谓独步天下，但东契奇异军突起不让他"独美"。相较于哈登，东契奇的节奏更加独特、撤步幅度也更大，他的这个绝技威力不可估量。

2018-2019赛季，东契奇的后撤步三分命中数超过70个。这项需要持球完成，同时对身体控制能力要求极高的技能，东契奇在新秀时期便已熟练掌握。如今的时代之下，篮球上对于空间的渴求到了极致的地步，手握这项武器的东契奇，在三分线外制造了巨大的威胁，成为防守人的梦魇。当他开启梦幻的后撤舞步，防守人能够做的，只剩下祈祷东契奇自己打铁!

灵蛇突破
庖丁解牛 探囊取物觅空间

在强人如林的NBA世界里，东契奇的身体素质绝不是最优秀的那一档。他没有麦迪般迅捷的第一步，也没有艾弗森般恐怖的速度，更没有威少般不讲理的爆发力，但东契奇的突破依旧是NBA中的顶级水准。

欧洲天才靠的是什么? 当然是绝顶的寻觅空间的能力，以及灵动的脚步和协调性。

他的绝对速度不快，但却可以敏锐地判断你的重心走向，让你的任何一次不小心都会成为突破口;他的加速度同样不快，但却可以庖丁解牛般找到防守的所有缝隙，再借助自己出色的脚步完成致命一击。

虽无绝对速度和爆发力带来的视觉爆炸感，但东契奇突破时的灵动飘逸和见招拆招，细细品来同样是球场的"艺术珍品"。正是依靠自己出色的突破能力，东契奇才能够撕开防守，成为球队的进攻发动机。

超群视野

上帝视角 运筹帷幄送神传

作为一名身高2.01米的组织者，东契奇本就具备送出绝妙传球的先天条件。加上自幼练就的超高篮球智商、欧洲团队篮球的熏陶以及出众的传球手法，东契奇总能在场上送出让人叹为观止的妙传，策动独行侠的进攻。

站在方寸之间的篮球场上，东契奇的视野和大局观，让他对于各种传球总能信手拈来——拿下篮板之后四分卫长传发动快攻、挡拆突破后击地助飞中锋、杀入内线后高难度的大对角传球，东契奇在场上的决策像一个精密运转的机器，每位队友的接球位置他都熟稔于心。

这些传球及时、准确、契合节奏，跟这样一位有着上帝视角的领袖打球，独行侠球员的工作无疑简单不少。

加盟NBA两个赛季，东契奇的场均助攻数分别是6.0个和8.8个。我们有理由期待，在未来的某个赛季，这位欧洲天才将向助攻王发起冲击。

天生领袖
欧陆帅才 新基石统领三军

从斯洛文尼亚到西班牙再到美国，东契奇一直都是球队无可争议的领袖。他对于球场的掌控力，注定了他在每支球队中都是灵魂人物。

东契奇初来乍到之时，独行侠队还曾重点培养高位秀丹尼斯·史密斯，但在数月之后球队便放弃后者，彻底扶正东契奇。原因再简单不过，当一名球员能够在场上掌控节奏、寻觅机会、带动队友之时，他的领袖地位毋庸置疑。

如今的这支独行侠队，已经完全是东契奇的球队。他们习惯的进攻方式，就是以东契奇持球罚球，或是直接突进，或是挡拆突破。他总能以最合理的方式带动队友，将全队融入为他打造的体系之中。

在NBA的赛场上，不乏可以单场获得40、50分的将才。他们天赋异禀，得分如探囊取物。但如东契奇般的帅才，放眼历史也是非常罕见。他不仅能够得分，更能够让全队体系化运转、让所有队友的得分都变得容易。天生领袖东契奇，已经成为达拉斯的新基石。

三双机器
全能锋线 十八般武艺样样通

新秀赛季就以8次三双超越"魔术师"，第二个赛季又频频刷新最年轻的三双纪录。东契奇登陆联盟伊始，便定义了何为"三双机器"。

不仅是轻松写意地拿下象征全能的三双，东契奇还总能以高得分拿到"豪华三双"，这更加彰显了他在进攻端的威力——当一名球员单场贡献30-40分，又能送出10次以上的助攻时，他制造的分数几乎超过球队的一半，对于比赛的影响力不言自明。

三双数据描绘了东契奇极具统治力的比赛方式，他能够摧城拔寨攻筐取分，他也能运筹帷幄为队友送出助攻，他同样可以依靠自己超过2米的身高保护篮板发起反击。这位全能锋线，在场上几乎无所不在。

三双数据虽无法体现东契奇全部的威力，但这位全能锋线的影响力几乎渗透到球场的每个角落，你永远不知道他会以何种方式给予球队帮助。

制造犯规

篮球场上最轻松的得分方式便是罚球，无人干扰也不会走表。但在强人如林的NBA赛场，想要搏得罚球机会又是何等困难。君不见内线高墙林立、大帽横飞，君不见某些球员以命相搏才能获得两次罚球机会。

但这一切对于东契奇而言却是那么简单——新秀赛季他场均获得6.7次罚球机会，第二个赛季这个数据上升到了9.2次，他的罚球命中率也保持在75%左右。

没有绝对的速度，没有恐怖的爆发力，东契奇依靠敏锐的判断、出色的身体控制，总能制造对手的犯规。在一次次哨响和对手绝望之中，他轻松地走上罚球线笑纳2分。20岁出头的东契奇，时常在场上"戏耍"效力多年的老将。

这位球商超群的欧洲天才，熟稔规则又能读透防守人。当对手的一招一式都在他的掌控之中时，当对手的下一个动作早已被他看穿时，制造犯规就变得轻而易举。

篮板嗅觉

嗅觉敏锐 神预判四两拨千斤

虽然是一名身高2.01米的锋线球员，但东契奇场上的防守位置相对靠外，加上弹跳、爆发力等身体素质一般，抢篮板似乎不该是他的强项，但东契奇又一次"逆势而为"。

新秀赛季场均7.8个篮板、第二赛季场均篮板数高达9.4个。独行侠队的比赛中，这样的一幕司空见惯——东契奇总能预判到对手投篮落下的位置，几乎是不费吹灰之力，就能拿下后场篮板。进攻端东契奇也总能判断自己的出手，在对手的内线搏得二次进攻的机会。前两个赛季，他场均前场篮板数分别是1.2个和1.3个。

在内线壮汉们为了一个篮板球拼死相搏之时，东契奇总显得那么游刃有余，轻松地实现抢下篮板球的目标。逆天的球感和球商，让这一切对于东契奇来说都如此简单。正如他从小秉承的篮球理念一样，"用脑打球"的东契奇真的非常特别。

东契奇七大经典战役

绝杀快船！造史诗神迹

　　北京时间2020年8月24日，在独行侠队与快船队的季后赛第4场争夺中，东契奇全场轰下43分、17个篮板、13次助攻，最后时刻他面对保罗·乔治的防守，送上三分绝杀！凭借这粒神奇的大心脏进球，独行侠队险胜，将总比分扳成2-2，保留晋级的希望。

　　43分、17个篮板、13次助攻并送上绝杀，东契奇本场比赛的表现可谓缔造了史诗神迹。他成为NBA历史上第一位能在季后赛中打出了43+17+13的球员，更是创造季后赛历史上得分第二高的三双。职业生涯首次杀入季后赛，以低排位种子的姿态挑战夺冠大热门，东契奇就打出了封神的表演，我们有理由期待未来的季后赛中，他打出更多神奇的表现。

超越詹姆斯！生涯首个三双

北京时间2019年1月22日，独行侠队虽然客场不敌雄鹿队，但东契奇却迎来里程碑的夜晚。全场比赛他贡献了18分11板10助，拿到了职业生涯的首个三双，彼时东契奇的年龄只有19岁327天，他一举超越勒布朗·詹姆斯、郎佐·鲍尔（现役新奥尔良鹈鹕队后卫），成为史上第二年轻的"三双先生"，仅次于马克尔·富尔茨。

至此他也开启了新秀赛季的三双之旅，这位来自欧洲的新人，从生涯伊始就彰显出自己的全能属性。这场比赛他对于联盟最为全能的詹姆斯的超越，也让人期待他在未来创造更多的里程碑。

队史三双王！
两年改写40年历史

北京时间2020年3月5日，独行侠队通过加时以127–123险胜鹈鹕队，此役东契奇拿到30分、17个篮板、10次助攻，这是他两年NBA生涯的第22次三双。至此，他完成了对于贾森·基德的超越，成为独行侠40年队史的三双王。

短短两个赛季，他就完成了40年队史中没有人完成过的壮举。在最能体现全能属性的三双数据上，东契奇几乎是以势如破竹之势完成了对于前辈们的超越。不仅是曾效力于独行侠队的贾森·基德，包括埃尔文·约翰逊（NBA历史巨星）、勒布朗·詹姆斯这些灿若星辰的名字，在关乎三双的数据上，都屡屡成为东契奇创造历史的背景。

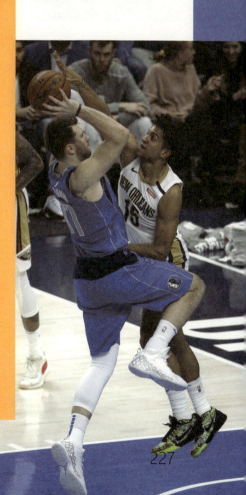

对飙詹姆斯！
轰三双仍憾负湖人

北京时间2019年11月2日，独行侠队主场加时憾负湖人队。此役东契奇与自己的偶像勒布朗·詹姆斯展开对飙，全场詹姆斯拿到了39分、12个篮板、16次助攻，东契奇毫不示弱，也拿到31分、13个篮板、15次助攻的三双数据。

新秀赛季两战詹姆斯全败的东契奇，本有机会帮助独行侠取胜。可惜常规时间最后时刻，丹尼·格林（前洛杉矶湖人队后卫）三分命中将比赛拖入加时，湖人队最终涉险取胜。裁判关键时刻漏掉德怀特·霍华德（前洛杉矶湖人队中锋）的拉人犯规，造成了湖人的绝平三分，赛后独行侠队老板马克·库班也是非常不满，球队以向联盟申诉的方式表达抗议。

初露锋芒！
连得11分扭转乾坤

北京时间2018年12月9日，作为新秀的东契奇率队迎战休斯敦火箭队，客队阵中拥有詹姆斯·哈登和克里斯·保罗两名后场巨星。比赛中东契奇一度13投3中，表现低迷，然而末节决胜关头，他的表现完全盖过哈登和保罗。

此前手感冰冷的他，一口气连得11分扭转乾坤，最后时刻他面对克林特·卡佩拉（前火箭队中锋）投出制胜三分，帮助独行侠队3分险胜。这场比赛面对联盟顶级后卫，东契奇打出一战封神式的表演，这也是他新秀赛季的代表作之一。

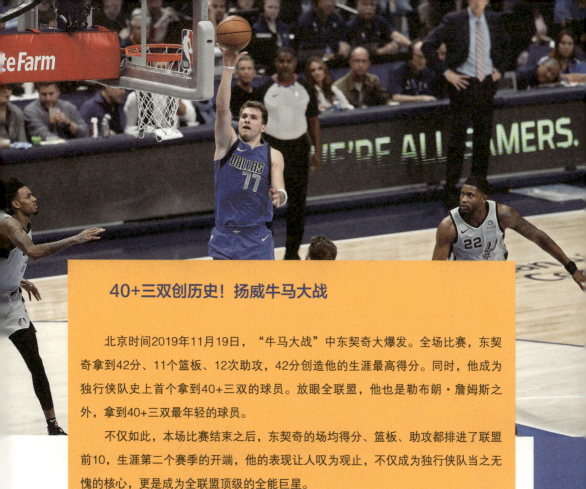

40+三双创历史！扬威牛马大战

北京时间2019年11月19日，"牛马大战"中东契奇大爆发。全场比赛，东契奇拿到42分、11个篮板、12次助攻，42分创造他的生涯最高得分。同时，他成为独行侠队史上首个拿到40+三双的球员。放眼全联盟，他也是勒布朗·詹姆斯之外，拿到40+三双最年轻的球员。

不仅如此，本场比赛结束之后，东契奇的场均得分、篮板、助攻都排进了联盟前10，生涯第二个赛季的开端，他的表现让人叹为观止，不仅成为独行侠队当之无愧的核心，更是成为全联盟顶级的全能巨星。

新生代对决完胜！梦幻11月再爆发

北京时间2019年11月30日，独行侠队客场挑战太阳队。此役也是东契奇和德文·布克（太阳队明星后卫）的新生代对决。最终，东契奇用42分、9个篮板、11次助攻的表现，完胜仅得18分的布克，独行侠队也兵不血刃地击败了太阳队。

这场比赛拿到的42分，平了东契奇的生涯最高分，这也是他在11天内两度拿到42分。整个11月他打出了梦幻的表现，以一个几乎完美的姿态迎来自己生涯的第二个赛季。

东契奇七大劲敌

从年龄上来说，詹姆斯比东契奇年长15岁，两人生涯的交集岁月不会太多。但从影响力和实力来说，即便是在生涯暮年，勒布朗·詹姆斯依旧是东契奇的劲敌。

就个人数据而言，东契奇在未来很长一段时间，都会在挑战詹姆斯纪录的路上，2019-2020赛季拿下助攻王的詹姆斯，证明了他还有统治各项榜单的能力。就球队战绩来说，詹姆斯率领的洛杉矶湖人队，也是独行侠队在西部冲击好成绩的拦路虎。

勒布朗·詹姆斯

詹姆斯·哈登

东契奇的整体风格与詹姆斯·哈登极其相似，同样是个人能力全面、带动队友出色的球队核心，詹姆斯·哈登如今还处在生涯巅峰期，两人又同处西南分区和西部赛区。

东契奇在未来的生涯中，必将在很多层面与詹姆斯·哈登竞争。如果东契奇想要争取得分王、助攻王，甚至是MVP，詹姆斯·哈登都将是他难以躲过的劲敌。

扬尼斯·阿德托昆博

两届常规赛MVP得主扬尼斯·阿德托昆博，是如今联盟中常规赛最具统治力的巨星。这位外籍球员，连续两年都打出恐怖的数据和球队战绩，尽管在季后赛中迟迟难以突破，但"字母哥"对于常规赛荣誉的统治，还是让人望而生畏。

冲击MVP？成为新生代的领军者？率领独行侠冲击总冠军？"字母哥"和雄鹿队都将是东契奇难以回避的劲敌。

德文·布克

1996年10月30日出生的德文·布克，论年龄，他没有比东契奇大出太多；论资历，他2015年便进入联盟；论成就，他已经是联盟现役最高分得主。

尽管过去几年率领太阳队的战绩不佳，但作为一名得分手，布克的能力毋庸置疑。2020-2021赛季他又得到了克里斯·保罗的辅佐，未来很长一段时间，布克和太阳队都将是西部季后赛的有力争夺者。

锡安·威廉森

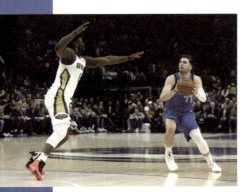

2000年7月6日出生的锡安·威廉森，大学时期早已名满全美。以状元身份登陆NBA，逆天的身体素质早已让他备受期待。新秀赛季受困伤病小试牛刀，锡安从第二个赛季真正开启了自己的NBA生涯。

锡安的年龄与东契奇相仿，甚至还要更年轻一些，同时绝对的身体天赋更加突出。这位打法暴力、天赋无限的球员，以及他所在的新奥尔良鹈鹕队，在未来都将是东契奇和独行侠队的劲敌。

1998年3月3日出生的塔图姆，2017年在第三顺位被凯尔特人选中，虽然生涯的经历不算长，但这位探花郎的表现却是让人印象深刻，尤其是在季后赛中。

两度率领凯尔特人闯入东部决赛，并曾在新秀赛季的东部决赛中，对位彼时如日中天的勒布朗·詹姆斯，就生涯起步而言，塔图姆甚至不逊色于东契奇。与独行侠队相似的是，塔图姆所在的凯尔特人，同样是天赋满满有望在最近几年实现突破。若是未来的某一年总决赛，东契奇与塔图姆成功会师，球迷们绝对不要感到意外。

杰森·塔图姆

因为两人之间的互换，早在他们生涯还未开启之时，东契奇和特雷·杨就被定义为"一生之敌"。2020年休赛期老鹰队招兵买马，球队阵容更强的特雷·杨，有望实现个人数据和战绩的双丰收，屡屡打出逆天数据却苦吞失利的他，极有希望率领老鹰队杀入季后赛。

虽然从生涯前两个赛季来看，无论是个人统治力还是球队战绩，东契奇都要完全压过特雷·杨，但远射无敌的超级投手与运筹帷幄的顶级帅才之间的对决，以及未来他们之间的故事，绝不会如此简单。

特雷·杨

东契奇七大榜样

诺维茨基　牛仔图腾

　　回溯诺维茨基的生涯，他是达拉斯的图腾。在二十余载岁月中，冠军不过是他伟大的注脚，从一个瘦弱的欧洲大个成长为联盟顶级巨星，这其中经历的种种挫折不言而喻。

　　诺维茨基生涯的坎坷更不止于此，巅峰之时遭遇黑八、拼尽全力被质疑为软蛋，诺维茨基铸就图腾的道路，充满泥泞坎坷。老天爷把所有的困难倾泻而下，诺维茨基照单全收，用他独有的心境和微笑，迈过这些艰难险阻，并最终成功。

　　回溯他的生涯，可谓是波澜壮阔但又云淡风轻。这些经历以及背后的失败或是曲折，确实足够波澜壮阔，但无论经历如何、境遇多差，诺维茨基的努力和汗水没有停歇，他用最朴实的方法面对失败、享受成功，是为云淡风轻。

　　这是诺维茨基的篮球哲学，这也是他的人生哲学。

　　铸就伟大的道路注定艰辛，成为一座城市的图腾，背负的压力更是非同凡响。对于东契奇而言，需要学习诺维茨基的远不只在篮球场上，球场之外，内心之中，才是东契奇最该学习也最难领悟的学问。

詹姆斯　不屈王者

　　出生在小城镇阿克伦、职业生涯起步于小城市克里夫兰、职业生涯巅峰遇上马刺和勇士两支王朝球队，勒布朗·詹姆斯璀璨生涯的背后，有着不可估量的挫折和磨难，但这位超级巨星挺过来了。

　　他在迈阿密圆梦、他在克里夫兰救赎、他在洛杉矶演绎不老传奇——纵观勒布朗·詹姆斯的生涯，他是一个当之无愧的王者，在个人数据和球队战绩层面，他都取得璀璨的成功。他同样是一位不屈的斗士，命运并没有垂青他，但他面对挫折和磨难一次次不屈的抗争，明知不可为而为之，虽然大多数时候都以失败告终，却留下了无数不朽的篇章。

　　东契奇在生涯起步阶段，需要的正是詹姆斯这种不屈的斗士精神。他需要不断在失利中打磨自己，他需要用一次次失败的经验为球队和他自己注入勇敢的风骨，突破正是在百折不挠之后。

科比　偏执传奇

　　"偏执"之于科比·布莱恩特而言，绝对是一个褒义词。他代表着不断和自我死磕，实现超越自我极限的提升。科比·布莱恩特的偏执是刻在骨子里的，这位已故传奇的篮球生涯连同的曼巴精神，成为激励无数后人的不竭精神动力。凌晨4点的洛杉矶以及无数催人奋进的语录，是科比·布莱恩特生涯最好的诠释。

　　高中生身份加盟NBA、替补身份开始在湖人起步、3冠之后与奥尼尔不和、历经波折用连冠证明自己，科比·布莱恩特生涯的"偏执"故事无须多言。正是有这股与自己死磕的精神，才让那个瘦弱的高中生，一步步成长为体育界不朽的传奇。

　　东契奇想要在NBA取得更大的成功，同样需要这样的"偏执"。如今的东契奇并非无懈可击，他在技术层面、身体层面仍然有一些缺点，如若想要走上联盟传奇的道路，他必须对自己更狠，用科比式的"偏执"逼迫自己不断进步。

哈登 一瞬千里

詹姆斯·哈登的职业生涯，在2012年产生让人惊叹的质变，他从一名普通的球星迈入联盟超级巨星的行列，每个休赛期都在不断提升的詹姆斯·哈登，如今成为联盟顶级的球员，曾经斩获MVP、率领火箭杀入西部决赛，个人荣誉和球队战绩都取得了让人瞩目的突破。

与其球风极其相似的东契奇，最需要向哈登学习的，便是当机会和挑战来临之时，毫不犹豫地抓住并不断提升自己，从而让自己的生涯迈向新的阶梯。如今的东契奇，正在迈向联盟超级巨星的行列，但他仍然需要更多的努力和成绩，才能具备更加扎实、更被认可的实力。

2009年以7号秀身份加盟勇士队，随后的岁月里，库里为勇士队带来了73胜的传奇赛季、5年3冠的不朽王朝、席卷联盟的三分狂潮。库里对于勇士队的价值，绝非一连串三分纪录以及3个总冠军可以衡量。

库里 完美领袖

这位勇士队的领袖在球队的这些年，不仅用自己的实力和无私给球队建立了久违的赢球文化，更是带出了诸如克莱·汤普森、德拉蒙德·格林等勇士队自己培养的球星。拥有统治级的实力，却甘愿为球队做出牺牲，用无球的打法换来战术的多变和队友的进步，库里在场上征服了队友和对手。

东契奇若是想成为一个完美的领袖，不仅需要不断在个人能力上实现突破，更需要帮助队友、帮助球队完成提升，史蒂芬·库里是一个绝佳的榜样。

作为东契奇在独行侠队的昔日队友，巴里亚的NBA生涯足够传奇。身高不足1.8米，绝对身体天赋非常有限，但他却在长人如林的NBA赛场打出自己的一片天，成为独行侠队2011年的夺冠功臣，还因在总决赛死磕詹姆斯得到爱称"波多黎各一座山"。

巴里亚　不灭意志

巴里亚在球场上永远是最积极、最拼命的那一个，即便遭遇重伤，跟腱断裂，他回归赛场后依旧足够强硬。

用积极弥补天赋的差距、挑战伤病延续生涯，巴里亚的不灭意志，给东契奇上了一堂生动的教学课。未来面对伤病、挫折、更加强大的对手，东契奇需要以更勇敢的意志迈向成功之路。

"字母哥"　日就月将

从一个瘦弱的15号秀，到联盟最快进步球员，再到两度斩获MVP，"字母哥"的生涯励志且传奇。日就月将是他生涯最好的诠释——无论是体形还是成就，"字母哥"每个赛季都在进步，最终达到了NBA篮球殿堂个人荣誉的巅峰。

相较于"字母哥"，东契奇的生涯起步更高，乐透秀出身、斩获最佳新秀、第二个赛季成为MVP级别的球星。若是东契奇能够像"字母哥"一样，不断打磨和提升自己，他的职业生涯上限不可估量。

东契奇
七大猜想

Air Jordan 品牌 "新一哥"

北京时间2019年12月27日，东契奇生涯第二个赛季开始不久，他便迎来好消息。独行侠新星与Air Jordan品牌达成了为期5年价值据悉达到7位数的代言合同。长约、高代言费，足以见得Air Jordan品牌对于东契奇的看重，这位崭露头角的新星蕴含的生涯价值不言自明。

目前的Air Jordan品牌中，大牌球星并不多，克里斯·保罗、拉塞尔·威斯布鲁克已经算其中翘楚。按照目前东契奇的发展轨迹，成为Air Jordan品牌旗下的"一哥"恐怕只是时间问题。

相信不久的将来，属于他的签名鞋就会问世。除了球鞋之外，东契奇必然会得到更多其他品牌的青睐，这位超级巨星的商业价值，在未来有望得到最大限度的开发。

联盟助攻王

2018-2019赛季，新秀东契奇就以场均6.0次助攻，高居联盟第18。2019-2020赛季，他更进一步，以场均8.8次助攻排在联盟第三。作为一名身高超过2米的组织者，东契奇在球场的视野优势非常明显，加上从小练就的高球商和传球手法，让他的助攻轻松写意。

连续两个赛季不断进步的数据，加上在独行侠队的绝对领袖地位，这位组织前锋也有望在未来的生涯中冲击助攻王。值得一提的是2019-2020赛季的助攻王，正是勒布朗·詹姆斯。东契奇与其打法极其相似，他有朝一日也有望像自己的偶像一样，登顶联盟助攻王宝座。

单赛季场均三双

生涯第二个赛季，东契奇拿到了场均28.8分、9.4个篮板、8.8次助攻的数据，全能属性彰显无疑，无限接近单赛季场均三双。

2016-2017赛季，拉塞尔·威斯布鲁克场均拿到31.6分、10.7个篮板、10.4次助攻，单赛季场均三双创造历史。随后的2017-2018赛季，他再度拿到场均三双的数据。对于东契奇而言，未来生涯中同样有能力去冲击这个神奇的纪录。

早早地以23次三双打破独行侠队史纪录，东契奇早已证明了"三双"这个数据，只要他想便是唾手可得。一旦在未来的某些赛季，他陷入孤立无援的境地，恐怕就需要用一次次的三双挽救球队，届时我们也有理由期待，属于东契奇的赛季场均三双。

超级顶薪

如今东契奇正在经历自己生涯的第三个赛季，按照规则他可以在2021年的休赛期与独行侠队商讨提前续约。根据现行的薪资政策，东契奇最高可以拿到5年超过1.9亿美金的顶薪合同。

对于一掷千金的马克·库班以及独行侠的管理层来说，续约东契奇似乎是一个不用考虑的命题。这位超级巨星，也有望在2021年的休赛期，拿到这份5年1.9亿美金的合同。目前NBA的整体工资帽相较于过去持续提升，5年1.9亿对于东契奇而言，仅仅是开始。未来不久，他甚至有望去冲击年薪5000万的合同。

在NBA历史的薪资榜上，他都极有可能留下浓墨重彩的一笔。

常规赛 MVP

　　职业生涯的第二个赛季，东契奇在MVP评选中就高居第四位，成为德克·诺维茨基之后，独行侠队又一个无比接近MVP的球员。

　　NBA联盟中MVP的评选标准并无绝对依据，但默认的规则便是要考量球员的数据以及球队的战绩。以东契奇的打法和实力，他的数据在未来很长一段时间，都将保持一个极高的水准。因此，只要独行侠队的战绩能够逐步提升，东契奇就有望去角逐这个荣誉。

　　放眼如今的联盟，在新生代巨星中东契奇已经是其中的佼佼者，待到他个人更加成熟、独行侠团队更加强大，MVP似乎是水到渠成的事情。

NBA 总冠军

　　诺维茨基挑落三巨头、一冠封神，达拉斯终于品尝到了总冠军的滋味，如今这座城市阔别奖杯已久，甚至在很长一段时间，都是彻底退出总冠军争夺的状态。然而东契奇的加盟，让一切都改变了。

　　达拉斯独行侠迎来一位新的领袖，一位有能力成长为联盟顶级巨星的核心，一位有希望像诺维茨基一样为这座城市带来总冠军的球员。2019-2020赛季，东契奇率队杀入季后赛，激战争冠热门快船队，独行侠队已经成为西部的一支强队。

　　不仅如此，独行侠队的两名核心东契奇和波尔津吉斯都仍有进步空间，名帅卡莱尔也打造出一支纪律严明、战术丰富的球队。随着全队的不断进步和提升，在不远的将来，他们绝对有望步入争冠行列。

达拉斯新图腾

　　德克·诺维茨基于达拉斯这座城市而言，绝对是图腾般的存在。跨越20载生涯，他与这座城市荣辱与共，更是带来了他们无比渴望的总冠军，留下一顿传奇的岁月。

　　如今的东契奇也在朝着德克·诺维茨基缔造的传奇之路迈进，甚至在相同年龄段，东契奇比诺维茨基更加出色。

　　对于东契奇而言，想要成为达拉斯的新图腾，成为诺维茨基之后这座城市的又一个图腾，耀眼的成绩与长时间的坚守缺一不可。

　　若是在接下来的生涯中，东契奇能够保持高水平并最终率领独行侠队夺冠，若是他能如诺维茨基一般演绎一人一城的动人岁月，他有希望完成这个极其艰难但又意义非凡的成就。